蒙台梭利

童年的秘密

〔意〕蒙台梭利——著

谢妮——译

中国水利水电出版社
www.waterpub.com.cn
·北京·

内 容 提 要

　　幸运的人一生被童年治愈。本书揭开孩子成长奥秘的颠覆性观念，通过大量实例详细阐述了孩子的生理和心理特征，揭秘孩子身心发展的规律，提出"敏感期"这一重要的早教概念，提倡孩子内在约束的自由、社会性发展等理论，并为家长和教师指出儿童教育的原则以及激发孩子内在发展的重要方法：要理解孩子、尊重孩子，不要压抑孩子，要根据孩子身心发展规律提供帮助。

图书在版编目（ＣＩＰ）数据

　　蒙台梭利童年的秘密 /（意）蒙台梭利著 ； 谢妮译
. -- 北京 ：中国水利水电出版社，2022.1
　ISBN 978-7-5226-0368-1

　　Ⅰ．①蒙… Ⅱ．①蒙… ②谢… Ⅲ．①儿童教育－早期教育 Ⅳ．①G61

　　中国版本图书馆CIP数据核字（2022）第000524号

书　　　名	**蒙台梭利童年的秘密** MENGTAISUOLI TONGNIAN DE MIMI
作　　　者	〔意〕蒙台梭利 著　　谢妮 译
出版发行	中国水利水电出版社 （北京市海淀区玉渊潭南路1号D座　100038） 网址：www.waterpub.com.cn E-mail：sales@waterpub.com.cn 电话：（010）68367658（营销中心）
经　　　售	北京科水图书销售中心（零售） 电话：（010）88383994、63202643、68545874 全国各地新华书店和相关出版物销售网点
排　　　版	北京水利万物传媒有限公司
印　　　刷	天津旭非印刷有限公司
规　　　格	146mm×210mm　32开本　7.5印张　130千字
版　　　次	2022年1月第1版　2022年1月第1次印刷
定　　　价	49.80元

目录 CONTENTS

第二部分　新教育

第三部分　孩子与社会

第一部分

精神胚胎

今天的孩子

当我们意识到自己所拥有的东西并开始相信自己的能力时，我们就能超越自我，就能去了解孩子们的心理特征，并且发现他们和我们的区别。

一、孩子的世纪

随着生活水平的提高，近些年来人们越来越重视对孩子的照顾和教育。不过，之所以出现这种现象，更重要的原因是人的自我意识的觉醒。从19世纪末至今，孩子的健康问题也越来越受到重视，不止于此，孩子性格发展也得到了极大的关注。孩子对于知识的自我吸收能力，为目前的儿童教育做出了巨大贡献，没有这方面的研究，人类也无法研究其他学科，例如医学、哲学和社会学的分支学科。往小了说，胚胎学为人类生理学和生命进化的研究照亮了道路。但是相比于对儿童生理的研究而言，儿童心理研究的影响可能更深刻，这种研究不仅可以帮助我们更好地思考人类的所有问题，还有可能让我们从儿童心理的发展过程中找到人类进化的密钥，或者说是开启人类新文明的密钥。

瑞典诗人和作家爱伦·凯曾预言，20世纪将会是孩子的世纪。如果你搜寻过历史，就会发现意大利国王维克多·以马利三世曾经在自己的演说中提过类似的观点。当时是1900年，即20世纪的元年，在父亲遇刺身亡后，维克多·以马利继承了王位，他认为1900年为新世纪的新纪元，并将从1900年开启的20世纪称为"儿童的世纪"。

为什么会产生这样的预言呢？那是因为在19世纪最后的10年中，通过科学研究，人们发现了这样一种现象：孩子们患传染病的死亡率远超成人，达10倍之多，孩子们深受严苛的学校制度之苦。而在当时，几乎没有人知道，孩子们身上拥有一个能揭开人类精神面纱的生命奥秘；更没有人知道，**对孩子精神世界的研究有可能帮助我们解决人类自身和社会的问题**。人们在上述现象的基础上建立了一门新的科学，这门新科学将会对整个人类的社会生活产生巨大的影响。

二、孩子的心智与潜意识

精神分析对于我们而言，是一个全新的研究领域，对它的研究能帮助我们发现人类潜意识中隐藏的秘密。虽然对于人类生活中的实际性问题，精神分析并不能提供解决方案，但是对于理解孩子神秘的生命过程还是能有所贡献的。

目前，精神分析已经突破了心理学认为的"无法逾越"的意识层，心理学家对于这个意识层的理解，就像曾经的希腊航海员对于海格立斯石柱的迷信，他们执着地认为石柱就是世界的尽头。

精神分析已经触及了人类的潜意识领域。如果绕开精神分析，我们就无法向人们证明孩子的心智对于整个人类心理问题的研究到底有多大的意义。大家都知道，精神分析刚开始只是作为治疗心理疾病的一种方法，进而成为现代医学的分支学科。这门学科对于人类而言，确实具有启发性的意义，它向我们证实了潜意识的力量：人的潜意识能够支配或控制人类的行为。因此，我们可以说，精神分析实际上就是研究潜意识以外的心理反应。而作为精神分析的研究对象，这些心理反应展示了潜在因素和未知现象对人类的影响，这一发现也推翻了人们之前的认知。研究显示，人类的心理世界非常广阔，充满未知，而且这些未知的领域与人类的命运密切相关。但是，目前精神分析还不足以完全解释清楚这个无限广阔的未知领域。

在19世纪，法国医学教授夏科所处的时代，人们通过精神方面的研究发现了潜意识。经研究表明，在一些特别的重症精神病患者身上，潜意识会突如其来，就好像熔岩突然从地心喷涌而出造成火山爆发一样。也正因为这样，潜意识被作为疾病的一种表象，而我们对潜意识的研究也止步于人类精神意识的各种对比。这种现象一直持续到弗洛伊德别出心裁地开启了对潜意识的研究。经过各项试验研究，弗洛伊德找到了观察潜意识的方法。他将潜意识的研究停留在病理学，毕竟很少有正常人愿意接受自己成为试验品来进行各项令人苦不堪言的精神分析测试，更没有人愿意接受心理手术。正是以对精神病人的各项分析研究为基础，弗洛伊德才创立了属于他的心理学理论，并且这种新的理论很大一部分都是基于病态心理研究下的个人推演。从这个层面上来讲，弗洛伊德的心理学理论并不完整，再加上他的治疗方案根本不能治愈那些重度精神病患者，导致他在精神疾病上的治疗权威始终无法让人信服。

因此，在人类社会普遍的传统认知里，弗洛伊德的心理学理论无法得到广泛应用，尽管大家认可了潜意识的存在，但是对它的探索过于浅显片面，我们目前掌握的理论以及对于潜意识引发的心理疾病的治疗技术似乎望尘莫及。

三、童年的秘密

潜意识对我们而言是高深莫测的。如果我们想走近它，不能仅仅依靠心理学，还需要其他科学的支持，并且要运用更多的方法。比如我们可以推本溯源，从人类的起源开始研究潜意识，换句话说，就是从研究儿童心理学起步，了解孩子与环境的关系，并通过对扭曲和黑化的心灵的研究来了解孩童时期内心世界的形成过程。

弗洛伊德的精神分析揭开了人类潜意识的神秘面纱，通过对成人的精神进行研究分析，我们惊讶地发现，精神疾病可以追溯到婴儿期。根据潜意识反应的记忆可以发现，如果一个人在婴儿期遭受过常人未曾有过的意外创伤，这些痛苦的记忆会深埋在他的潜意识中。这个发现不但令人震惊，也让大家惶恐不安，因为它超出了社会大众的普遍认知。一直以来人们都认为，痛苦是孩子心理发展过程中的自发现象，是成长过程中不可避免的经历，却从未意识到，孩童时期遭受的精神痛苦会带来长大成人以后的各种精神疾病。**而孩童时期的精神痛苦，恰好是由成人凭借自己的绝对权威压制了孩子们自发的活动而引起的**。总而言之，孩子们遭受的精神痛苦与他们身边最亲密的成人息息相关，这里所说的成人是指孩子的母亲。

在现阶段，我们必须将对潜意识的研究分为两个层次。第一个层次是较为浅显的研究，也就是对个体的本能与所处环境之间的冲突的研究。这个冲突并不是无法化解的。我们可以把令个体觉得不安的潜意识因素上升到意识层面，这并不难。第二个层次是更为深入的研究，即对童年记忆的研究。童年记忆中的冲突与环境无关，但与母亲有关，往大了说，这种冲突是孩子与身边成人的冲突，它可能是重度精神疾病的源头。目前大家都已经意识到，**无论是生理疾病还是心理疾病，对童年时期经历的分析和了解，都是有益于治疗的**。

当然，除了精神分析法以外，我们还应该借助其他的治疗方法。精神分析在潜意识探测方面的技术能帮助我们了解成年病例的患病原因，但对于儿童疾病却是一种阻碍，因为从各个方面来说，孩子都不适宜成为精神分析的对象。孩子根本没有必要记得自己的童年。**比起对孩子进行精神分析，我们更应该去观察他们，从心理学的专业角度去发现孩子与周围的成人以及与环境之**

间的种种矛盾。很明显的，这种观察方法与我们之前提到的精神分析理论和精神分析技术是背道而驰的。我们会借助观察法进入一个新的研究阶段。我们观察孩子的目的，并非是研究孩子复杂多变的病态心理，而是借孩子的心理活动来研究更广阔的人类生活。当然使用观察法也是有难度的，观察范围会过于广阔，涉及一个人从婴儿期开始的整个人生。

目前，我们还没写出完整的人类心理发展的历史，这是因为我们缺乏对一个重要时期的了解：童年时期。我们不知道孩子在通过感官探索生活环境时遇到了什么阻碍，也不知道孩子与周围的成人（照顾孩子生活却不理解孩子）相处时引发了什么无法解决的矛盾。我们对童年时期的探索还是一片空白。我们无法了解孩子在童年时期遭受的心灵苦痛，这些苦痛折磨着孩子幼小脆弱的心灵，让他们在潜意识中认为自己受制于人且低人一等，这种心态显然违背了大自然的原意。

精神分析发现了这个矛盾，却无法化解它，因为精神分析主要涉猎的是精神疾病的诊断和治疗问题，所以在孩子心理问题的预防上没有起到太大的作用。但是对孩子心理问题的研究却有助于发挥预防作用，从而达到消除孩子的心理冲突和障碍的效果，最终解决由这些冲突和障碍带来的连锁反应——心理疾病，甚至会影响人类生存的道德失调。

就这样，一个新的研究领域出现了。它与精神分析既有相同之处，也有天壤之别。这种研究是为了让孩子拥有健康的心理，帮助他们健康成长，同时关注他们所受的教育是否达标。这个新研究的目标就是探索孩子未知的心理，同时让成人意识到他们对待孩子时采取了错误的禁锢行为。

四、成人无法理解孩子

弗洛伊德用了一个非常恰当的词来描述成人心绪紊乱的根源，这个词就是"压抑"。

由于成人的"压抑"，孩子无法自然成长，处于孤立无援的境地。当然这里的成人并非特指某一个人，而是抽象代指。但是一旦"成人"对孩子造成了影响，那么这个"成人"就不再抽象了，而会是孩子身边最亲近的那个人，刚开始是母亲，接着是孩子的教师。

在社会中，**成人承担着为孩子提供教育并帮助孩子健康成长的责任**。但是，通过对孩子内心世界的最新探索，我们发现事实往往恰恰相反，那些作为孩子的监护人的成人，现在却成了应该接受批判的人，无论是父亲或者母亲，还是老师或者孩子们的看护人员。从某种层面上来说，所有的成人都成了被告，甚至可以说整个社会都成了被告。就好像上帝的"末日审判"一样，成人乃至整个社会都要接受这样的质问："你们到底对孩子们做了什么？"

作为被告，成人的本能反应是为自己申诉："我们已经竭尽全力地付出了，我们甘愿牺牲自己，我们爱自己的孩子。"这句辩白暴露了一种矛盾的态度，自我意识和潜意识纠缠在了一起。这种固执的陈腔滥调对我们而言根本不值一提，更重要的是控告的内容，而非被控告的对象。成人全力以赴地为孩子付出，提供自己能力范围内最好的照顾和教育，最后却发现自己深陷泥潭无力回天。成人根本没意识到，自己才是泥潭的中心。

所有为孩子发声的人都应该对成人提出这种批判，无一例外且绝不姑息。这种批判不仅是针对成人的错误行为，更是针对人们的"无心之失"。通过这种批判，整个人类的道德境界都会得到提升，人类对自我的认识会更加深刻。人类的每一次进步，都是通过对未知世界的不断探索得来的。

对于自己有意识犯下的错误恼羞成怒，对于自己无意识犯下的错误百思不得其解，这就是人们面对自己错误时的矛盾态度。然而正是无意识的错误推动着我们进步和发展，让我们超越自己的期望，不断提升自己的道德境界。

这种现象确实很有趣，人们主动听取对自己的批判，甚至赞同对自己的批判，并且承认自己的错误。持续有力的批判促使人们将自己潜意识中的想法变为有意识的，由此我们可以说，人类精神世界的发展其实就是一个获取意识的过程，也就是潜意识不断呈现的过程。而文明之所以会不断进步，都是因为人类不断地获取意识。

如果我们想改变孩子的生活环境，将他们从那些充满矛盾的不利环境中解救出来，我们首先应该改变成人，这才是最根本的做法。我们目前所做的努力以及我们即将长期做的努力，都是基于这个根源上的改革。我们相信，如同成人说的那样，他们已经竭尽所能地为孩子们付出。但是，我们也必须认清一个真相，那就是成人在这个过程中一定不可避免地向超出了主观意识范围以外的东西求助。

儿童心理研究依然存在大量的未解之谜，等着我们揭开谜底。尽管我们已经通过心理学和教育学开始探索，但是还远远不够。我们应该像那些不知辛劳的挖金人一样，不断地探索未知的领域，跋山涉水地寻找珍贵的宝藏。无论你来自哪个国家哪个民族，也无论你处于社会的什么地位具有什么身份，所有想了解秘密的人都必须团结起来，共同研究这个任务，这是促使人类道德进化的必经之路。

成人与孩子之间之所以存在不可调和的矛盾，根本原因是成人无法理解孩子。想要解决这种矛盾，并不是单靠书本上的知识或者文化水平的提升就能做到的，我们必须找到一条新的道路。**成人必须从自我出发，找出并纠正自己思想上的错误，然后才能真正了解孩子的潜意识**。如果成人无法摆正态度，做好充足的准备，就无法更深层次地了解孩子的心灵秘密。无论是有意识的还是无意识的，伴随错误而来的，永远都是痛苦和创伤。就好像我们一说到药，就会想到它的功效是缓解伤痛。一个关节脱臼的人会期待自己的关节尽快复位，因为只有这样才能赶走疼痛。同样地，一旦成人意识到自己犯错了，他们就会想马上从错误带来的种种苦痛折磨中解脱，让自己的生活变得正常有序。如果成人拥有了这种意识，那么后续的一切就不难了。**当我们意识到自己所拥有的东西并开始相信自己的能力时，我们就能超越自我，就能去了解孩子们的心理特征，并且发现他们和我们的区别。**

　　由于成人无法了解孩子的心理，因此在与孩子相处的时候就会以自我意识为中心，从自己的角度去思考，由此就会越来越不了解孩子。也正是这种唯我独尊的自我主义，导致孩子在成人的眼里就是一张"白纸"，需要成人去"填充"。成人将孩子视为"没有行为能力和自主意识的人"，必须依附成人的指导去完成生活中的所有事情。这种想法导致的结果就是，成人将自己视为孩子的塑造者，永远从自己的角度来解析孩子的各项行为，把自己的判断标准强加于孩子。在成人看来，自己永远是对的，只要孩子违背成人的意志就是错误的，成人必须立刻纠正孩子，让孩子适应成人世界的规则。这种态度无形中抹杀了孩子与生俱来的天性，而成人却意识不到自己的错误，坚定地用这种"爱"来绑架孩子。

生命的奥秘

新生儿的第一个脆弱阶段就是他降临到这个世界的那一刻。经历了痛苦而漫长的分娩过程，他们需要休整，也需要熟悉自己的身体机制。

Chapter 2

一、生命的伊始

随着沃尔夫宣告了生殖细胞的发现，人们可以更深入地了解生命的开端，同时也能更直接地观察生命的发展过程，而这种发展过程有着它自己独有的模式。当然，沃尔夫的发现与当时普遍认知的观点有很大的区别，当时某些哲学家如莱布尼兹和斯帕兰扎尼认为：受精卵是一个缩小版的人体，它已经具备各项器官和系统，会随着时间的发展在合适的环境中自我发育。这种说法其实源于对植物成长过程的观察，植物的种子会生根发芽，进而成为一株小小的幼苗，而后在土壤中慢慢长成一株新的植物。哲学家认为，人类或动物的成长过程与植物的是一样的。

随着显微镜的发明，沃尔夫开启了新的实验，他开始用显微镜观察生物的发育过程。显微镜的特别之处在于能观察到人眼无法看到的东西。沃尔夫通过对鸟类胚胎的观察发现，鸟类的胚胎中并没有缩小版的鸟，这个受精卵由精子和卵子结合而成，有细胞膜、细胞质和细胞核，与其他细胞并无两样。任何物种，不论动植物，都来源于这个简简单单、还未开始分裂的细胞。植物受精卵的胚胎即为种子内的幼苗，植物果实中的生殖细胞发育为胚胎，然后落地生根持续生长。

这个简简单单的受精卵与其他的细胞不同，它有一个独有的特性：会按照固有的模式进行快速的分裂，这是我们在其他生殖细胞中观察不到的。动物的胚胎是如何进行发育成长的呢？经过观察发现，它是按照一分二、二分四、四分八的规律不断分裂，直到分裂成为一个空心的球体，也就是"桑椹胚"，而桑椹胚会向内折叠成为一个有两层细胞壁并且向外张口的球体，即"原肠胚"。随着细胞的不断分裂、折叠和分化，胚胎逐渐发育为拥有各种器官和系统的个体。由此可见，受精卵拥有与生俱来的发展流程和运作目标，无须任何引导和发展方案。我们只能通过观察才能了解它的发育过程，但是除了流程呈现的结果以外，对于其他的人们仍然一无所知。

对于哺乳动物包括人类而言，哪个器官是最先发育的呢？答案是心脏，准确地说是最终会成为心脏的小囊。它拥有固定的搏动节律，约为母体节律的两倍。这种持续的搏动会为其他组织的发育提供所需的动力和支持。

生命的神奇之处就在于发育过程的悄无声息且无比精确。这些微小的细胞如同精细的零件，在复杂的发展中找准了自己的位置，有的细胞成为骨头、有的成为神经组织、有的成为皮肤，各归其位，各司其职。生命的诞生是一个神奇的过程，大自然不会轻易地让人类明白其中的奥秘，但是随着生命的发展和不断的探索，我们最终打开了秘密的大门，迎来一个崭新的生命。

这个新生命像胚胎一样拥有潜意识。它除了可以通过自己的器官来运作以外，还拥有自己的本能，这种本能并非隐藏在细胞中，而是立足于整个生命体。如同受精卵拥有既定程序可以独自发展为完整的生命体一样，所有物种的生命体也拥有既定的心理本能，会帮助生物适应周围的环境，完成自己与生俱来的使命。这种本能适用于所有动物，包括昆虫。鸟类的飞行本能都是出现在孵化之后。同样的道理，大自然中常见的蜜蜂，它们之所以能形成如此复杂的组织系统，是因为神奇的本能，尽管我们在它的虫卵或幼虫中并未发现这种本能。此外还有很多与之相似的例子，在这里不再赘述。

接下来，我们应该关注环境对心理的影响，这个阶段与上个阶段是完全不一样的。上一个阶段，也就是生理胚胎的成长与自然无关，而这个阶段是与外界环境息息相关的。当新生命诞生之后，心理本能会指引它慢慢发展出动作、行为和个性，这些功能都是与外界环境相互作用的。在这个阶段，我们可以把生命看作一个精神胚胎。

外界环境除了给生命体提供生存所需以外，还有一个神圣的作用——为新生命提供精神上的环境支持。外界环境不仅可以激励生命的形成，还为万物的和谐发展做出了重大贡献。所有生物都拥有与自我心理相匹配的生理特征，这些特征有助于整个大自然的和谐发展。从生物出生开始，我们就能发现它们与生俱来的心理特质，比如小羊羔总是很温顺，小狮崽子总是很暴躁，蚂蚁总是勤奋地搬运粮食，而蝉一整个夏天都在不停地鸣叫。

由此可见，新生儿除了是一个发育完整的生命体以外，内在更潜藏了无限的心理潜能。人类之所以可以立足于其他生物之上，就是因为具有丰富的心理活动，但如果说人类的心理活动是与生俱来且不会改变的，无疑很荒唐。

不同于其他动物本能的一览无余，人类的心理称得上高深莫测了。动物的本能相对比较单一，而且在固定情境下很容易被发现。人类的心理本能却不是固定的，这是因为人类的行动更为自由。这种自由的行为需要悉心地发展，每个个体都应该为了这种无法预料的自由去积极努力。孩子的心灵中藏着一个高深莫测的秘密，这个秘密会随着孩子们的成长而逐渐显现出来。同样地，在受精卵的分裂过程中，我们已知的只有它的发展规律，并且我们只能通过观察胚胎的成长过程才能了解它的发展规律，对于其他的我们一无所知。这也是为何只有孩子才能向我们展现"人类的自然生长模式"。就像生理胚胎需要细胞膜的保护一样，新生儿十分柔弱，其精神胚胎也需要外界环境的保护。

二、新生儿的到来

"地球上传来了一个颤抖的声音，

以前从来没有听到过，

它来自一个以前从未运动过的喉咙。"

通过这几句诗，我的眼前出现了这样一幅场景：有一个人，他一动不动，生活在一片寂静的黑暗中。突然，这个人被投入了冰冷的水里，他紧闭的双肺因为灌入的空气而突然扩张。紧接着，这个人此前从未运动过的喉咙里发出了颤抖的声音——"哇"，哭声在地球上回响。

可想而知，新生儿在出生以前处于什么状态呢？一种完全放松的休假状态。在这种状态中，他不用烦心于如何满足自己的口腹之欲，因为母体会给他提供足够的营养；他也不用紧绷自己的神经，因为其他组织会提供适合生存的温度；他更不用担心病毒和细菌的侵害，自然有组织为他扫清障碍；他甚至不用呼吸就能得到赖以生存的氧气，这是一种多么大的特权啊！

他身上唯一需要工作的是心脏。在婴儿成形之前，心脏就已经上岗了，跳动心率可以达到母体心率的两倍。母体的心脏只是一颗普通的心脏。

当新生儿出生后，他需要独自承受所有的苦痛，外界的环境对他而言是一种刺激，分娩时的剧痛更是刺激了其内心最深处，因此新生儿通常都会哇哇大哭。

迎接新生儿的并非一个纯天然的环境，而是一个拥有人类文明的大环境，即所谓的"超自然"环境。这个环境是人类在牺牲自然的基础上建立起来的。如果新生儿想快速地适应生存环境，就必须获取有助于人类生存的各种细节。新生儿从母体中诞生出来后，生存环境和生活方式都发生了巨大的变化，他必须通过自己的努力来适应新环境。而我们这个社会又为新生儿提供了什么帮助呢？

出生带来的剧变要求我们必须科学地照顾新生儿，因为在新生儿往后的漫漫人生中，任何阶段都不如出生时经历的苦痛剧烈和难以承受。

然而事实上，针对这种难以承受的剧变，人类并没有为新生儿提供任何支持。人类文明史的第一页是完全空白的，没有任何我们为新生儿提供帮助的记录。

目前，大家并不认同这种想法。相反，大家都会认为，社会已经为新生儿做了足够的努力。那我们究竟做了什么呢？

当新生儿诞生的时候，母亲得到了所有人的关注，因为她们在分娩过程中遭遇了巨大的苦痛，所以她们得到了特殊的护理。但是新生儿呢？他们难道没有受到伤害吗？我们不需要对他们进行特殊的照顾吗？为了保障母亲的休息，我们给予了她们安静和黑暗的环境，而对于刚离开黑暗和安静环境的新生儿，我们是否也应该提供类似的环境呢？新生儿原本处于"放松的假期"中，现在却不得不独自成长，他们一定非常慌乱，而且心力交瘁。

新生儿的心力交瘁不只是因为生存环境的骤变，更多的是因为分娩带给他们的煎熬。在这个过程中，他们的身体会被挤压，如同身陷囹圄，受尽各种肉体煎熬才能从产道里出来。这种出生带来的痛苦与他们在母亲体内的舒适形成了鲜明的对比，让新生儿筋疲力尽。

新生儿如同一位远道而来的朝圣者，一路走来满身伤痕、疲惫不堪，而作为东道主的我们，准备了什么来款待他们呢？他们如此需要帮助，我们又做了什么呢？

医生关注的只是新生儿是否健康地活着，确定没问题就丢到一边不再留意了。

父母自然是充满欢喜地迎接新生儿的到来，就好像收到了上天赐予自己的礼物一样："宝贝真棒啊！这可是我的儿子啊！"这种欢喜完全是一种自我满足。

周围的人都急不可耐地想与新生儿接触，夸一夸他。爸爸急着想碰碰他嫩嫩的脸蛋、看看他眼睛的颜色，想象着在未来的某一天这双眼睛能够认出自己，这让他感到快乐！

没有人知道新生儿刚刚经受的苦痛，他们纯净却无人理解。他们一穷二白，用他们从未感受过光线的眼睛和沉溺于安静的耳朵去观察这个陌生的世界。他们的四肢从未碰触过任何物体却受到了外界的挤压。他们柔嫩的肌肤被外界粗糙的物体伤害。

事实就是，新生儿没有被温柔对待，反而被成人手上的老茧和粗硬的衣物磨得刺痛。

由于新生儿身体娇嫩，并不是所有人都敢去触碰他们。母亲和家里其他人都为此担忧，于是将新生儿托付给有育儿经验的人，以使自己安心和放心。没有人在意新生儿娇嫩脆弱的身躯是需要呵护的。甚至于那些有育儿经验的人也没有学过如何安抚新生儿，他们只能用自己粗糙的双手紧紧环抱，防止他坠落。大家普遍认为，只要孩子健康地活着就好了。我们做的所有努力就是让他活着，以至于从来没研究过如何正确地呵护这个娇嫩的生命。

在这个时刻，一定会有人发出这样的疑问："我们在照顾过程中一定会触碰到他们的，究竟应该如何是好呢？"

新生儿出生以后，医生会马上将他提起来，让他发出哭声。周围的人听到哭声后都会觉得满意："孩子能发出声音了！"大家都认为，哭是非常必要的，这是孩子表达感情的方式，同时流出的眼泪可以清洁双眼，哭泣带来的颤动可以扩张双肺。从来没有人听出新生儿哭声中的绝望和伤心。

紧接着，新生儿会被包裹在襁褓中，如同被石膏封印一样。曾经在母亲子宫中蜷缩着的四肢也被人为粗暴地伸展，并且不能动弹。

实际上，新生儿出生的头一个月根本没有必要穿衣服，他们需要一个适应的过程。纵观新生儿的穿衣发展史，我们不难发现这其中缓慢的变化。从僵硬的襁褓到柔软轻肤的布料，从过大到逐渐合身，种种改变昭示着新生儿的穿着正在向裸体主义靠近。如果进一步发展下去，他们确实可以不用穿衣服。

当然，如果我们真的让新生儿裸体，就一定要保障周边温度是适宜的。由于他们在"休假期"中一直处于温暖的母体中，本身并不具备抵御外界温度变化的热量。衣服只有保温的作用，当周围温度适宜的时候，反而成为累赘，阻隔了新生儿与温暖的空气。我们可以看看动物是怎么照顾自己的幼崽的，即使幼崽长了绒毛，母兽仍然会用自己的身体环绕幼崽来为它们取暖。

社会对于新生儿漠不关心的做法，我认为没必要再讨论了。我很肯定，如果让美国人发言，他们一定会说自己在照顾新生儿上是如何细心；让英国人和法国人发言，他们则会质问我是否深入了解过他们国家在儿童护理和医学上的最新进展。我不得不说，我一直都在关注并且研究这些国家的新生儿护理方法，对于这一领域最新进展的了解甚至称得上是洞若观火。同时我也必须说，所有国家在这件事上都不够赤诚，而这种心态却是迎接新生儿时所必需的。

我们只看到了自己对新生儿的付出，一味地在已有建树的领域"锦上添花"，却忽视了那些未曾意识到的领域。在这种状态下，我们是无法进步的。

目前没有任何一个地方真正地了解孩子。

还有一点需要指出来，那就是无论我们有多爱孩子，但是从他们诞生开始，我们就会不自觉地对他们有所防备。这是人类自我保护的本能，也是我们人性中自私的一面，因为我们迫切地想保护自己拥有的东西，无论它的价值是大是小。比如，为了避免婴儿的床垫被污染，我们采用防水垫。婴儿床已经很不堪了，加上防水垫以后更是让婴儿苦不堪言。也就是从这一刻起，成人满心满眼都是要看住孩子，避免他们弄脏自己的东西，避免他们到处闯祸让人心烦。防范孩子成了第一要务。

我们相信，随着人们越来越了解孩子，照顾孩子的方法也会越来越完善。为了改善新生儿的感受，维也纳采取了一系列措施，例如准备温暖的、具有吸水性的床褥，脏了以后随时可以丢掉。这些措施都预示着一个重要的事实，即成人已经开始关注新生儿的感受。

不过，如果我们对新生儿的关注只停留在生命安全的层面——让孩子健康地活着，这是远远不够的。我们还应该采取更专业、更科学的措施，例如学习医院负责照顾新生儿的护士，他们工作时会戴上口罩以避免将细菌传染给婴儿。事实上，新生儿从出生开始就会有"心理适应"方面的问题，我们应该努力帮助他们尽快适应这个世界。也正是出于这个目的，我们需要在医院持续地观察、研究，并且对家庭进行教育宣传，从而加深成人对新生儿的了解。

如果孩子出生在富裕家庭，大人们能为孩子提供的也仅限于外在的物质，诸如华丽的衣服和高档的摇篮之类。物质上的奢华是无法满足孩子的心理需求的。对于生而富贵的孩子来说，我们应该利用现有的物质条件为他们提供合适的生活环境，而非让他们沉浸在物质的享受中。

例如，让孩子生活在远离闹市且光线合适的婴儿房里（类似教堂的彩色玻璃会带给人温暖的感觉），这就是适宜的环境。也可以给孩子提供恒温的环境（类似环境温度始终如一的歌剧院等），方便孩子裸睡。

现在还有一个问题，就是如何抱动裸体的新生儿才不会刺激他的皮肤？首先我们应该洗净双手，并且提前进行练习，保证双手的稳定和从容；然后轻轻地托起新生儿的身体，双手如同一张温柔稳定的吊床，让孩子像出生前一样蜷缩起自己的四肢躺在我们的臂弯里。在将婴儿的身体调换方位（从垂直到水平）的时候，我们也需要使用特别的方法。平稳地移动病人是护士必须掌握的护理病人的技能之一。护士通常不会直接用手将病人拉起来，而是会将一个支撑物塞在病人的身下，然后在不改变病人水平位置的情况下移动病人。

我们也可以将新生儿看作病人，毕竟他们刚刚和妈妈一起经历了生死考验。如果新生儿的诞生过程十分顺利，我们会松一口气，并且庆幸不已。在出生的过程中，新生儿会遇到各种难关，有时甚至会窒息，必须依靠人工呼吸才能抢救过来；有时，新生儿的头部会被产钳夹变形，或者头部出现皮下出血。从这个层面上讲，新生儿确实是个病人。

但是，新生儿与病人又有很大的区别，因为他们的需求与病人并不完全相同。新生儿更需要的是适应生存环境，形成对自己的初步认知———无所有但内心积极活跃。我曾经见过一个新生儿从窒息中被解救出来，紧跟着他被放进了水盆里。在迅速下沉的过程中，这个新生儿会睁大双眼并且不停地挥动四肢，似乎感受到了自己正在沉入水中。这是新生儿第一次体验到恐惧。

当面对新生儿的时候，我们不应该抱有一种面对病人或者弱者时的怜悯心态，而是应该怀着对生命奥秘的敬畏之心。所谓生命的奥秘，就是生物诞生和繁衍的秘密。

大家存在一个误解，以为新生儿没有意识，无法感知苦痛或者时快乐，因此无论为他们准备多好的环境都是一种浪费。可是不妨想一下，我们为什么对待病人时会不惜一切代价呢？这些病人中不乏生命垂危的重症患者或者已经无法动弹的植物人。由此可见，任何年龄段的人都值得被温柔以待，不论是精神上还是情感上。这一点不容置疑。

对于成人而言，新生儿算不上真正的人类，因此我们对他们也没有真实的情感。我们不知道如何欢迎新生儿，尽管这个世界终将属于他们，他们会继承我们的事业，并且继续建造、继续完善这个美好的世界。

三、生命的本能

哺乳动物称得上比较高级的动物，在本能的驱使下，它们得以从容面对幼崽诞生后的那一段难受且奇妙的适应期。比如家猫，当小猫咪诞生后，猫妈妈会将自己的孩子藏于黑暗的角落中进行保护。它们拒绝人类的照看，一眼都不行。而随着成长，小猫咪会自己走出黑暗，神气十足地跟在猫妈妈后面。

野生动物在保护幼崽方面所做出的努力其实更有说服力。很多哺乳类动物都是群居生活的，但是当雌性动物即将分娩的时候，它们会义无反顾地离开群体，寻找隐秘的角落去诞生幼崽。幼崽出生以后，母兽会继续将幼崽和群体隔离起来，时间一般会持续两三周或者一月有余。在隔离期间，母兽就是幼崽的保护伞。刚出生的幼崽无法适应外界强烈的光线和嘈杂的声音，母兽就会给它们提供一个隐秘的角落。正常来说，虽然幼崽一出生就具备了行走的能力，但母兽还是会悉心呵护它们直至它们能完全适应新环境、掌握各项生存技能。这个时候，母兽就会带着幼崽回归群居生活。

其实，这种非同寻常的保护事例，在动物群体中每天都会发生。无论什么物种，比如马、野牛、野猪、狐狸、老虎等，它们保护幼崽的方式都是大致相同的。

母牛会带着刚出生的牛宝宝远离牛群，并且悉心照料牛宝宝：母牛会用前腿环绕着牛宝宝为它取暖；母牛会用舌头帮牛宝宝清洁身体；母牛甚至会用三条腿站立来帮助宝宝们更容易地吸奶。之后，母牛会将牛宝宝带回牛群，继续精心地照料它们。在四肢行走的哺乳动物中，几乎所有雌性都是这样照顾幼崽的。

有时候，母兽对幼崽生存环境的要求不仅仅是隐秘而安静，还要合适才行。它们会努力地为幼崽准备一个适宜生存的环境。比如，母狐狸在寻找生产的栖身之地时，更倾向于茂盛的灌木丛；如果没有灌木丛，母狐狸就会在地上挖个洞，或者找一个树洞安家。它们还会精心地布置这个窝，将从自己的乳头周围拔下来的体毛铺在窝里，这样不但让幼崽觉得柔软，还能方便它们吸奶。

在这个阶段，所有的雌性动物都会小心谨慎地保护幼崽，任何妄图接近幼崽的生物都会受到它们的攻击。然而，被人类豢养的动物会逐渐失去这种本能，比如，家养的母猪可能会吃掉自己的小猪崽，但母野猪却是非常富有母爱的。那些被圈养在动物园或者笼子里的老虎狮子有时也会杀死自己的幼崽。由此可见，动物只有在自由发展、遵循本能的情况下，对幼崽的保护天性才会发挥作用。

这种动物的天性表明一个清楚明了的事实：哺乳动物的幼崽诞生以后必须通过外界的干预来适应新环境。由此可见，**新生儿的第一个脆弱阶段就是他降临在这个世界的那一刻。经历了痛苦而漫长的分娩过程，他们需要休整，也需要熟悉自己的身体机制**。在这之后，新生儿就进入了生命的第一年，也就是哺乳期，这是他们要在这个世界上经历的第一个阶段。

哺乳动物对幼崽的保护不仅仅局限于对身体的照顾——寻找一个隐秘安静的地方，大自然已经证实了这一点，动物幼崽可以依靠母兽的乳汁和体温来克服生存环境的骤变带来的种种困难。母兽也在这个安静的环境中等待幼崽心理本能的觉醒，这种本能会帮助幼崽成为独立的个体。同时，这种本能的觉醒需要一个寂静而幽暗的环境。正是因为这样，母兽可以长期等待，并且悉心照料宝宝们，给予它们关爱。与此同时，为了唤醒幼崽们的心理本能，母兽还需要在回归群居生活前对幼崽进行各种训练。比如当小马驹训练走路的时候，它可以学会识别母亲的特质并主动跟随，更为关键的是，它在训练的过程中会唤醒自己的心理本能，拥有一匹真正的马的特质，即使这个过程需要耗费大量的精力。而且在小马驹成为一匹真正的马之前，母马不会让人打扰它。猫也是如此，母猫会藏起刚出生的小猫咪不让人们打扰，直到小猫咪们可以睁眼并学会了站立。

　　毋庸置疑，自然界一直在监管生物进行内心本能的觉醒以及它们的成长发育。就像母兽不止照管幼崽的生理健康，还要费心呵护它们，直到它们独有的天性显现出来。人类也应该这样，**我们也可以悉心呵护新生儿，等待新生儿体内的心理本能的觉醒。**

四、孩子自己创造自己

　　让我们来思考一个问题，如果婴儿从出生开始就具有"心理活动"，那么我们照看他们的时候是否需要顾及这一点呢？毫无疑问是的，随着孩子的不断成长，在后面的每一个阶段，我们都应该越来越关注他们的"心理活动"。由此可见，现在对于看护孩子的要求越来越高：我们不只要考虑他们的生理发展，更要顾及他们的心理发展。这也就是我们经常说的，**孩子的教育应该从出生开始。**

　　当然，这里所说的教育不仅仅指教学，更多的是引导和帮助孩子的心理发展得更健康、更积极。如今，当我们可以清楚地认知人类的意识与潜意识之间的区别时，就应该了解到，新生儿从诞生的那一刻开始就已经拥有自己的心理活动了。潜意识涵盖了大量的心理冲突和心理事实，这个复杂的概念目前也得到了大家的普遍认可。一旦开始正视新生儿有自己的心理活动这个现实，正视新生儿可以通过与环境的互动来发展自己的心理这个事实，我们的脑海中就会出现一幅令人振奋的图像：在黑暗中，一个灵魂正在通过自己的努力朝着光明前进，并且努力让自己在一个并未为自己的诞生做好准备的环境中成长。我们发现了这个处于困境中的灵魂，却苦于找不到帮助他的方法，甚至于可能成为他成长的障碍。

　　现在我们认可了关于儿童心理发展的这些想法，推断出孩子自身具备掌控身体和心灵的本能，就好像我们在哺乳动物的幼崽身上所观察到的特质一样，它们可以通过自身本能的发展来体现自己物种的特性。人类婴儿的运动神经比其他哺乳动物的幼崽发育得更加缓慢，尽管婴儿一出生就开始运作自己的感官，可以感受到外界的光线、声音和触感，但是他们没有任何运动技能，没有办法自己站立行走或者说话。对比其他物种的幼崽，显然人类婴儿的无助期会更长。他们必须经历长期努力、不断尝试，才能在1岁左右开始行走，要在2岁左右才能自如行走。语言能力方面也是如此，婴儿出生以后在很长时间里都无法发出清晰的声音，直到6个月左右，才能发出一些模糊的音节。由此可见，孩子的发育是比较缓慢的，他可以尖叫却无法运用语言表达自己的想法，而同时期的动物幼崽已经掌握了自己所属物种的语言，小狗学会了独有的汪汪声，小猫咪学会了喵喵喵，连小羊羔也可以咩咩咩地叫了，尽管一开始这些动物幼崽的声音十分弱小。人类的婴儿呢？他们还只会哭闹、喊叫。从这个角度来看，婴儿比其他动物的幼崽可笨多了！

　　但是如果你认为婴儿因为其生理的虚弱而无法站立或者行走，更无法进行运动，就认定婴儿的协调感缺失，那真的是错到离谱了。他们可是一出生就掌握了吮吸和吞咽这两个动作并且可以协调运用的天才，要知道，让这两个动作的协调一致是很不容易的，而婴儿做起来却毫无难度。由此可见，大自然在对人类婴儿和动物幼崽的训练上是有区别的。孩子动作能力的发展是脱离了本能的，需要耐心地等待肌肉的发育和协调，然后由人类的意志对肌肉和本能下达命令，来完成指定的种种动作。人体的本能和肌肉体现出来的并不是生物的特征，而是心理的特征。

　　人类的天赋异禀在孩子身上得到了明确的展示，同时还添加了其他基本特质：所有正常的孩子都会掌握行走和语言的技能。但是在这个过程中，孩子们又会展示出无法预料的个人变化，这成了一个成因未明的谜。简单地说，就是动物幼崽长大以后的样子是有规律可循的，比如小鹿成为大鹿以后就可以快速飞奔，小象成为大象以后就会变得迟缓笨重，小老虎成为大老虎以后就会成为凶猛的野兽，小兔子成为大兔子以后就成了温顺的食草动物。这些规律非常稳定且无法逆行。但是对于人类而言，那可就不一定了。人类婴儿漫长的发育期反而成了让他们与众不同的原因。孩子们的发音会逐渐清晰，但是我们无法预料他会掌握哪种语言，因为他会先吸取周围环境的语言，之后慢慢地掌握单音、音节的发音，最后组合成单词。孩子会主动创造出与环境匹配的能力，他创造了他自己。

由此可见，**孩子们的运动器官能积极运作表示他的身体机能自我成长，拥有了属于自我的特质。**

大家都知道，人体是由各种器官组成的，这些器官在生理上被称为"随意肌"。字面的意思就是，这些肌肉随着人的意识而动作。这个词完美地展示了运动是与人的心理活动密切相关的。如果这些器官没有与心理活动密切结合，意识就无法发挥作用，最终一无是处。

如果缺乏运动器官，任何物种的生物本能都无法体现。即使再小的昆虫也不例外。作为高度进化的高级动物，人类的肌肉组织极度复杂，以至于在很多解剖学的学生中流传着这样一种说法："在你记住所有肌肉的名字之前，你至少要先忘记7次。"肌肉都有各自不同的作用，有些肌肉用于冲动，有些肌肉用于抑制，有些肌肉只能向前移动，有些肌肉只能往后移动，将这些肌肉的不同功能进行整合就能执行各种复杂的动作。虽然肌肉的功能各不相同，但是它们并不会产生矛盾，而是会和谐互助。每一种冲动都会伴随一种抑制，向前的肌肉也总是会和向后的肌肉一起合作，这些肌肉形成一个组织，合作完成一个个精准的动作，比如舞蹈演员的舞蹈动作、小提琴手的手部动作。我们完成的任何一个精细的动作都是相反动作的结合，而每完成一个精细动作都需要调动一支"肌肉部队"与另一支部队相抗衡。经过时间的打磨，我们的动作会越来越完美。

这种能力的获得不能完全归功于大自然，实际上形成这种能力，绝大部分应该归功于个体。这是超越了人的天赋本能的超自然能力。这就让我们不得不考虑人类身上体现的第一个事实——充满生机的精神必须借助肉体才能有所发挥，进而让人类得以展示自我。这是孩子们出生以后的第一课，也是我们成人的首要任务。

假设人体需要借助"肉体化"的过程来引导孩子们的心理发展，那也就表明了孩子的心理成长是早于生理成长的。孩子的心理活动早在外界能观察到之前就已经存在了，而且与他们对外界的表达大相径庭。在刚刚具备意识时，孩子们的心理是脆弱和纠结的，外在表现却是急于通过肌肉运动从不同的感官角度认知周围的环境。生物个体与生存环境之间是可以相互作用的，更确切的说法是，孩子们的精神胚胎与周围的环境可以相互作用，这种相互作用力可以帮助孩子塑造自我并不断完善。

在生物学上，生理胚胎的心脏——脉冲囊泡，会从母体的血管中吸收营养，然后将营养输送到受精卵的各个部分。精神胚胎也是如此，孩子的心理特性也是通过与外界环境的相互作用来进行发育和组织的，他们全力以赴地从环境中吸收能量，从而让自己的个性进行更深入的整合。心理发展是一个非常持久且循序渐进的过程，人类在这个过程中掌握了多种整合方法，并且在这个过程中，人类必须保持清醒，掌控主导权，避免败于懒惰的本能或者变得呆板。人类需要通过持续的命令，来维持心理活动的正常运转，避免失去自我。

综上所述，孩子的心理发展必须借助于肉体，在发展过程中，孩子的能力也会不断提高。孩子的生理发展无休无止，精神发展也不例外。而且人类的精神胚胎和生理胚胎一样，是自我发展、自我塑造的。从这个角度上来说，孩子才是人类的创造者，我们可以将他们称为"人类之父"。

孩子的
心智塑造

当孩子处于敏感期的时候，大自然会赋予他们生机勃勃的活力，通过精神力量来鼓励孩子。

孩子的内心世界充满了爱。爱隐藏在孩子的内心深处，并且会一点点地填充其整个心灵。

Chapter 3

一、孩子的敏感期

在孩子能够运用表达手段之前，敏感性会引导他形成初步的心智，即使这个心智的结构还不成熟。

婴儿拥有自己的心理活动，这个想法在某种程度上使人难以理解。也许我们可以这样来想象：心理活动隐藏在婴儿柔弱的身体之中，它敏感且沉默，一直在发展。

当然，上述说法并不确切。婴儿的身体里已经形成了语言，只是受限于说话器官而无法表达。婴儿身上拥有语言表达的潜力。这种观点也适用于孩子的心理发展，语言只是心理的外部表现形式。婴儿具有创造力和潜在的能量，可以帮助他们建造一个与生活环境完全不同的心理世界。在这个方面，婴儿将面临各种阻碍心理发展的冲突，尽管他们的心理活动是无意识的或者与外界没有什么关联的。不过，婴儿的心理发展会出现一些不可抗拒的结果，而这些会被视为一种成功。如果缺乏外界的帮助，如果生存环境并不妥当，那么婴儿的心理活动就会面临连续不断的险情。或者我们也可以说，婴儿在这个世界上迷失了方向。

婴儿的心理发展是一个充满奇迹的过程，他们会完成一些不可思议的事情。而多年的思维惯性让我们成人对这个神奇的过程熟视无睹。那么，一个孩子究竟是如何从身无长物到成功适应这个纷扰繁杂的世界的呢？他们如何分辨周围的事物，并在没有老师的帮助下奇迹般地学会一种语言的呢？孩子充实、快乐地生活着，顺利适应着这个新环境，并且乐此不疲。成人可就不一样了，他们必须在各种助力下才能适应新的环境，他们必须努力学习才能学会新的语言，就连从儿时就开始说的母语要想变得完善也需要付出艰苦的努力。一直到最近，我们才提出这个疑问：是什么促进了婴儿的这种发展？

每当我们说到意识的发展，都只是停留在简单的、表面的事实上。直到最近，我们才了解这种发展的内部运作机制。现代科学提供了两种方法来研究这种内部机制：第一种是研究生物体的内分泌腺，它会直接影响发育。这方面的研究能对孩子的健康产生实际的影响，并且引起了人们的广泛关注。第二种是研究孩子的敏感期，这会帮助我们了解孩子的心理发展。

荷兰的植物遗传学家雨果·德弗里斯曾发现，动物的生命周期中是有敏感期的。而我们在学校中通过日常生活能发现，孩子身上也存在敏感期。我们可以成功地将这一发现应用于当下的儿童教育中。

与敏感期相对应的是一些特殊的敏感性，我们可以在生物的成长过程中观察到这些敏感性。敏感性在生物成长过程中出现的时间并不长，只是为了获得一种明确的特性或者能力。这种特性或能力一旦获得后，敏感性就会消失。由此可见，每一种特性或能力都需要借助外界的刺激才能形成并发展，而且这种短期的敏感性只会出现在特定的时期，换种说法就是，敏感性只会出现在相关的敏感期。

由此可见，孩子的成长与发展并不是模糊不清的，也不会因为遗传而不可改变。那些短暂的本能会谨小慎微地指导着孩子的成长与发展，从而带来对一些特殊的活动的渴望。这些活动与同一个人在成人时期所进行的活动具有天差地别。

前面说到，德弗里斯是研究敏感期的第一人。通过他的研究不难发现，那些需要蜕变才能达到成体状态的生物身上，敏感期更加明显，比如一些昆虫。接下来我们以蝴蝶为例，蝴蝶的幼虫需要进食柔软的嫩叶，但是蝴蝶一般将卵产在紧挨树干的秘密角落，因为那里既安全又隐蔽。可是嫩叶一般都在远离树干的树梢上，那么当蝴蝶幼虫脱壳而出之后，它们如何知道自己的食物在哪里呢？答案是光线！这些幼虫对光线十分敏感，光线对它们具有极大的吸引力，似乎有某种神秘的力量在召唤它们。它们不断地蠕动自己的身躯，爬向光线最强的位置，最终在树梢上发现了自己的食物。而当幼虫度过成长的第一个阶段，可以吃其他食物之后，它们就会失去对光线的敏感性，这可真令人奇怪。这种情况在科学实验中也得到了证明。我们将蝴蝶幼虫放在实验暗箱里，暗箱里没有放置任何食物，只有蝴蝶幼虫和光。这些幼虫会迅速地向着光亮处前进。而过了一段时间之后，光线不再吸引蝴蝶幼虫，它们开始寻求另外一种生活方式。

新的生活方式是由另外一种类似的敏感性带来的。蝴蝶幼虫会从之前那种无情的贪吃者转变为处于斋戒期的苦行僧。那些汁液丰富的嫩叶对这些幼虫不再具有吸引力，在这一阶段，这些幼虫迅速地为自己建造了一个"囚笼"并将自己藏于其中，如同已经死去一样。与此同时，它们的蜕变在如火如荼地进行着。经过这个"斋戒期"之后，蝴蝶幼虫就会完成最后的成长，冲破"囚笼"，成为一只美丽的蝴蝶。

大家都知道，蜜蜂群中有蜂后，那蜂后是如何长成的呢？必须是特定的幼虫才可以成为蜂后吗？其实这也与蜜蜂的敏感期有关。在敏感期里，任何雌幼虫都可能成为蜂后。在幼虫的敏感期，工蜂会为它们选择的雌性幼虫准备一种特定的食物——"蜂王浆"，这个小小的雌性幼虫疯狂地进食这种食物之后就会蜕变为"蜂后"。但是如果过了敏感期，工蜂才给雌性幼虫提供"蜂王浆"的话，这只幼虫就无法成功地蜕变为"蜂后"了。因为一旦错过可以大快朵颐"蜂王浆"的敏感期，幼虫的身体就没有成为蜂后的潜能了。

这些生物界的事实可以帮助我们了解孩子成长的关键。与动物最大的不同是孩子体内隐藏着生机勃勃的冲动力，引导他们表现出惊人的行动。如果他们失去了这些冲动力，就会导致他们变得盲目而无知，错过关键的成长时期。对于孩子的这些内部冲动力，我们成人是无法从外部进行干预的。

处于敏感期的孩子会得到一系列的发展，让他们非常迅速、激烈地与外部建立联系。这个阶段的孩子面对一切都充满了激情，他们的任何一点儿努力都能极大地提高自己的能力。 一个激情结束，另一个激情随之燃起，孩子们借助持续的激情，不断地征服世界，展现出持续的生命力。这种生命力也被称为"快乐"或"天真"。正是这种持续不灭的激情焰火，让人类成功地创造了自己的心理世界。

孩子越来越强的生命力证明了大自然的神奇，通过孩子的心理成长，我们不难发现这种神奇的印迹。

至此，我们或许可以将前面说过的"道成肉身"和敏感期当作两个观察孩子心理成长的窗口。

现在已经很清楚了：孩子的心理成长是必然会发生的，并非源于外界的影响。在短暂的敏感性的引导下，孩子的心理会不断发展，进而获得某种特质和特殊的能力。虽然孩子的心理发展需要借助外部环境的力量，但是这些力量并不具有决定性作用，只是为儿童的心理活动提供必需品的手段，就好像身体需要靠吃饭和呼吸才能得到肉体生活必需品的手段一样。

内在的敏感性会促使孩子从繁杂的环境中择取成长的必需品和适应自己发展的刺激。而且这种敏感性具有排他性，它能让孩子只对某一类东西敏感，而忽视其他东西。就像舞台灯光一样，这种排他性可以让孩子的注意力只聚焦到特定的东西上，其他东西仍然处于黑暗中，被灯光照射的东西就是孩子的整个世界。当然，这个问题不止聚焦在孩子在指定环境里对自我发现的渴望或者吸收指定的东西上。**孩子拥有通过这些敏感性来进行自我发展的能力，因为孩子在敏感期可以得到心理上的成长，从而使他可以在生活中灵敏地运用自己的运动器官。**

在孩子通过感官与周围环境取得联系的过程中，会出现一把能够打开孩子心灵的钥匙。而在孩子心理发展的过程中，精神胚胎得以奇迹般地成长起来。我们也可以把这种神乎其神的创造性活动当成潜意识引发的一系列情感冲动，这些冲动与外界刺激碰撞，从而产生了意识。人的意识一开始是朦胧而混乱的，然后逐渐明晰，最终才可以完成创造性的活动。

我们用孩子学习语言的过程来举例吧！一开始，周围环境中的声音对婴儿来说是纷繁混乱的，根本无法识别；过了一段时间，婴儿可以清晰地听到那些充满魅力的声音，尽管他们无法理解这些声音的含义；接着尚未具备思考能力的幼儿突然感受到自己的内心世界也奏起了乐曲。此时，幼儿的某些神经纤维会活跃起来，而在此之前，这些神经纤维一直保持潜伏状态。这些神经纤维通过一种规律的运动方式被唤醒，变得有秩序。精神胚胎的成长进入全新的节奏，不过它只是专注于当下的活动，未来依然是不确定的。

渐渐地，孩子的耳朵能分辨出周围不同的声音，舌头也变得活跃起来。在此之前，他们的舌头只会吮吸，现在却能感受到内在的震动。好像有一股无法抵挡的力量引导着孩子伸缩舌头去感受自己的喉咙、嘴唇和脸颊。这种内在的震动就是生命的律动，会给人带来欢愉，并没有其他目的。

当孩子处于敏感期的时候，大自然会赋予他们生机勃勃的活力，通过精神力量来鼓励孩子。

孩子的内心世界充满了爱。爱隐藏在孩子的内心深处，并且会一点点地填充其整个心灵。由爱引发的活动并非毫无意义，孩子会因为有爱的互动而获得高尚的品质，这将伴随他们一生。但是，这一切都是悄悄地发生的。

只要孩子的内在需求通过外界环境得到了满足，他们就有可能发展出某些特性或者能力。孩子的变化都是悄无声息的，我们很难轻易地发现。比如，孩子语言能力的获得，是所有充满活力的成长过程中最让人难以察觉的事。其实，学习语言是一件困难的事情，伴随这个学习过程的是漫长的敏感期。而婴儿获得语言能力之所以显得神秘，是因为婴儿身边总是围绕着大人，大人的语言表达为婴儿的语言发展提供了条件。在婴儿漫长的语言敏感期中，唯一带给我们指引的就是他们的笑容，当大人用简短清楚的语言与婴儿沟通时，婴儿会明显地表现出高兴的样子。婴儿可以辨别不同的声音，就好像我们能辨别教堂的钟声一样。再者，大人在婴儿临睡前会哼唱安眠曲，随着歌词一遍遍地重复，婴儿会安静下来。这种状态使婴儿感到愉悦，他们会慢慢地进入梦乡。我们为什么用温柔的语气和婴儿说话，就是为了看到他们的笑容。早在远古时期，人们就明白了这一点，一到傍晚就会陪伴在孩子身边，为孩子唱歌或者讲故事，以满足孩子在这方面的渴望，为他们带去心灵上的慰藉。

上面所说的都从正面说明了孩子具有创造的敏感性。下面我们可以从反面提供一些证据。

当孩子的内在需求与外部环境产生冲突的时候，尽管这些冲突并不会明显地表现出来，但是会暗中导致孩子的心理发展失调或者畸变，这种缺陷会伴随孩子一生。一旦孩子在敏感期没有成功地根据指引激发本能，那么他就会永远失去征服大自然的机会。

当处于敏感期的孩子的内在本能受到外界环境的阻挠而无法正常发挥的时候，他们就会有一些过激的反应。**然而，对于孩子的过激反应，我们常常将其视为一种没有原因的绝望，觉得他们"任性"，是在"乱发脾气"。事实上，这种"任性"正是孩子内在失衡的外在表象，是他们的内在需求得不到满足而引发的心理紧张的状态，这种状态会激发孩子为了自己的需求而向外界呼救，寻求一种保护。**

发脾气就是孩子的内在需求没有得到满足时出现的无用而烦躁的行为。从生理学的角度来解释，这就好像孩子会毫无原因地突然发高烧。大家都知道，在孩子小的时候，一点点小病都会引发高烧，而对于成人而言，这些小病不会产生任何影响。只不过孩子的高烧来得快，去得也快。那么同样地，从心理的角度来说，一点点风吹草动都会引发孩子内心的焦虑不安，这都是源于孩子的极度敏感。

事实上，孩子从出生之后就会表现出所谓的"乱发脾气"，人们以前把这当作心理反常的证明。如果我们将任何生理方面的失调都看作一种功能性疾病的话，那么心理方面的失调也应该被视为功能性疾病。从这个角度来说，新生儿的首次"发脾气"，也是他心理上的第一次生病。

我们很容易观察到孩子的过激反应，因为任何外在的症状都是引人注目的。对比平静，失去平静这个问题显然更值得我们思考。就好像比起自然规律，我们更容易关注到那些违背自然规律的事情。所以，人们往往会忽视生命自身的创造性工作，更别提孩子为了发挥自己的本能而激发出的一些不易察觉的外部表现。由此可见，我们还没有揭开生命的创造性和保护本能的秘密。在身体的功能方面，内在器官的机制的确令人惊讶，但是没有人注意到它。即使是依靠这些内在器官而活着的个人，也没有意识到自己的生理组织蕴含着的巨大能量。大自然自有其运行的法则，哪怕我们察觉不到。当孩子的各种能力可以协调发展时，我们就认为他是"健康"的，或者说"正常的"。这也说明忽视细节有可能导致满盘皆输，只关注目的而不重视原因也会导致无法看见真相。

我们会详细而客观地记录各种疾病的症状，却对健康的奥秘一无所知。事实上，在医学史上，人们在远古时期就知道很多疾病了。在古希腊和古埃及文明中可以探查到医学的起源，外科手术的出现却可以追溯到史前时期，我们在史前人的身体里发现了施行外科手术的痕迹。然而对于人体器官的功能，我们最近才有所了解。第一次解剖人体是在1600年，当时是为了研究人体内的器官，但是人们直到17世纪才发现血液循环的规律。出人意料的是，病理学研究反而促进了生理学秘密的发现——人体器官究竟是如何在体内运作的。

目前，人们只是意识到孩子的心理可能出现问题，至于它究竟是如何发展的却一无所知。如果我们能够意识到孩子的心理是非常微妙的，那么对其发展就会有更深入的了解：孩子的心理没有外在表现，只在孩子内心深处偷偷地发展。

成人目前只知道孩子会存在心理疾病，但是却不了解孩子的健康心理应该是什么样子的，这种说法听上去有些吓人且荒唐，但绝非空穴来风。我们不了解健康的心理世界，就好像我们不了解这个浩瀚宇宙的洪荒之力一样。

如果事实真的如此，如果我们不得不把孩子的秘密当作一个尚未被发掘的奥秘，如果孩子的心理发展是建立在功能性失调和病态的背景下的，那么必然会出现很多心理畸变——无知、软弱、发展延迟。这些已经成为现实，并非人们的想象。"差之毫厘，谬以千里"，生命早期的发展会给其后期的成长带来无法估量的影响，尽管人类无论是否处于适合的环境中都会长大成人。

二、敏感期需要的帮助

　　成人没有意识到婴儿需要为自己的成长不断努力，所以无法给婴儿提供真正的帮助。他们忽略了一个从无到有的奇迹，而这个奇迹是由心理发育尚不健全的婴儿创造的。

　　敏感期的概念为我们开拓了照顾婴儿的新思路。到目前为止，人们对照顾孩子的认识仅仅停留在满足其生理上的需求。现阶段，大家都有着共同的期待，希望孩子能在适当的时机展现出他们的心智。而我们在照看孩子的过程中，既要考虑他们当下的心理状态，也要考虑到后期的心理发展方向，还要重视他们在"道成肉身"中表现出的种种心理现象。塑造孩子是大自然的任务，成人无须帮助孩子完成这个过程。但是在孩子早期的发展中，成人必须及时提供帮助。对于孩子的心理表现，成人必须保持谨慎的态度，提供他们心理发展所需的一切，而且不能进行干预和阻挠。总之，我们应该向大自然学习，大自然为孩子生理胚胎的发展提供了合适的环境——母亲的子宫，而成人则必须为孩子精神胚胎的发展提供一个合适的新环境。

　　我们无须重复地通过实验来证明孩子也具有心理活动，因为心理学家早已进行了实验并有所发现。他们试图通过刺激孩子的感觉来引起孩子的注意，观察孩子的生理反应，如果孩子产生了一些身体上的运动反应，就说明孩子对感觉刺激有心理反应。

　　首先要说的是，我们无法证明孩子的生命中是否存在一个阶段（有可能是出生一年后），那就是他们已经完成了运动器官在心理上的协调。但是无论心理发展如何不完善，它都是存在于生理运动之前的，因为正是心理活动激发了孩子的身体运动。

孩子最早的心理冲动是由感觉激发的。勒温教授曾经展示过这样一段心理学影片：当孩子想拿到某样物品时，最初他会用整个身体去接触那个物品，但是随着运动器官的协调发展，他会慢慢地分解各种动作，例如只伸出手去拿自己想要的东西。

除了拿东西的动作进化以外，我们还可以举其他的例子。当婴儿4个月的时候，他会通过观察成人说话时的嘴巴来帮助自己进行一些模糊的自我表达。而最为重要的是，他当时专注的表情表明，他已经完全被自己眼前的这一幕神奇景象吸引住了。而6个月大的时候，这个婴儿才会发出一些单音节词。由此可见，婴儿会先对语言表达表现出好奇和兴趣，跟着隐秘地为激活发音器官做各种准备，之后才能发出清晰的语音。这表明了他们内心存在一种可以激发活动的敏感性，这种敏感性不能用实验来证明，只能从观察中得知。心理学家曾经试图用实验来证明敏感性的存在，但是由于实验必须通过外界环境才能完成，这样可能会提早唤醒孩子还不具备的一些能力，导致婴儿内心的秘密工作体系被破坏。

其实，我们可以采用法布尔观察昆虫的方法来观察孩子的心理活动。法布尔是第一位在自然环境中观察昆虫的科学家，他穷尽毕生之力深入昆虫世界，在自然环境中对昆虫进行观察与实验。由此可见，我们应该在孩子开始下意识地捕获外界环境的信息时对他们进行观察，因为孩子从这个时刻开始依靠环境的刺激来自我发展。

　　成人大可不必为了帮助孩子心理的发展而成为超人——苦练某些特殊的观察技巧。我们需要完成的事情其实很简单：首先，必须有强烈地帮助孩子发展心理的渴望；其次，了解孩子的一些基本常识。做到这两点，我们就成了孩子合格的守护者。

　　观察孩子非常简单，我们可以通过几个例子来说明。婴儿的身体都非常脆弱，他们无法站立，因此成人会让婴儿保持平躺的姿势。这样一来，婴儿最初获得的外界环境的印象是我们的头顶而非脚下，并且他们无法观察天空。他们只能躺在床上，看着上方白净的天花板或者是婴儿车上方的遮阳棚。然而，我们更应该给婴儿提供能刺激他们第一感觉的环境，以便滋润他们干涸的心灵。

　　有人认为需要让婴儿观察一些物品，因而他们会在婴儿的视线范围内放置一些东西，却没有想到应该将婴儿从这种不适宜的环境中解救出来。心理学家开始也进行过这种实验，他们会出于好意在婴儿床上挂一些摇动的球或者其他五颜六色的小玩具，而婴儿出于想获得外界环境的印象，他们的目光就会追随这些转动的小玩意儿，甚至有时候需要努力转动自己的身体才能看到。其实，这种努力是不自然的，它迫使婴儿完成一些不适宜他身体的姿态和动作。最合适的方法是将婴儿放到一个倾斜的平面上，方便他观察整个房间的环境。同时，我们也可以把婴儿车推到花园里，让他能感受到生机勃勃的大自然，那些随风飘扬的树叶和花儿、那些四处活动的小动物都能刺激他。

我们需要不断重复地将相同的景象展现在婴儿的面前，这样才能帮助他们识别这些东西。他会发现这些东西总是在相同的位置，慢慢地学会区别无生命的物品的移动和有生命的生物的移动。

三、外部秩序：最重要的敏感点之一

有一个婴儿在满月之前没有被抱出过家门，都是由保姆抱着。这一天，爸爸和叔叔一起出现在婴儿的面前。爸爸和叔叔身高接近、年龄也相差无几。婴儿刚看到这两个男人的时候很惊讶，还有一点点害怕。而这两个男人分别坐到了婴儿的左右两边。婴儿有点儿焦虑了，他转头紧紧地盯着其中一个男人，看了很久之后，露出了笑容。但是紧接着，他的情绪又发生了变化，恢复了焦虑和害怕，立刻转头瞪着另一个男人，又过了一段时间之后，他又笑了。这个婴儿重复着从焦虑到快乐的过程，他一直不断地左右转头观察，大概20次以后，他意识到了，站在他面前的是两个男人，而且这两个男人他曾经见过——他们有过温馨的相处时光，这两个男人都用鬼脸逗过他，给过他温暖的拥抱和温柔的问候。

　　婴儿明白了一件事：这两个男人和天天在他身边的女性不一样，他们是另外一种人。也就是说，他们是除了自己的母亲、阿姨和其他女人以外的另一种不同的人。婴儿以前也见过这两个男人，但是由于没有同时看到过两个男人，他难免会以为，世界上只有一个男人。因此，当他发现原来不止一个男人的时候，他焦虑了。

　　新生儿还有一个特点就是热爱秩序，特别是一岁半或2岁左右的孩子表现得尤为明显，他们甚至很早就能模糊地表达这种热爱了。孩子对自己周围的环境要求是井然有序，这与家庭主妇对秩序的要求是不一样的。家庭主妇都希望自己的家能保持整洁，但是实际上她们对环境的感知与孩子的感知是不一样的。家庭主妇有可能对混乱无序的环境毫无察觉，孩子却不行。因为混乱无序的环境会对孩子造成干扰，影响他的心情，引发情绪上的焦虑，然后他们就会通过哭喊来表达自己的痛苦，甚至通过生病来表达自己的害怕与不安。

　　婴儿对无序环境十分敏感，但是大一点儿的孩子或者成人往往会感觉不到。孩子对特定事物的敏感性会明显地受到周围环境秩序的影响，但是随着年龄的增长，这种敏感性会逐渐消失。秩序感属于孩子成长过程中周期性的敏感性之一，这种对秩序的敏感时期称为"秩序敏感期"，是孩子成长过程中非常重要的敏感期之一，也充满了神秘性。

　　我们常常觉得孩子天生混乱而没有章法，其实是因为他们正在经历秩序敏感期，可能有人觉得这种解释不太合理，但却是事实。这种自相矛盾的说法源于一个事实：孩子处于一个对他而言十分陌生的环境中，无法看清自己的位置，而这个环境的主导者——比孩子更有决定权的成人，他们无法理解孩子，甚至觉得孩子反复无常。可是，孩子真的反复无常吗？当他们突然陷入绝望的哭泣时，是因为他们反复无常吗？其实并不是，这只能说明孩子的内心深处有我们尚未发现、不能理解的秘密。

所以，我们有必要昭告天下，让所有成人都知道孩子的内心是有秘密的。当大家都意识到这一点的时候，才能去观察孩子是如何将内心的秘密展现出来的。

如果学校里有物品摆放得不对时，两岁的孩子会马上意识到并将物品放回原位。当然，这种情况在学校里并不常见，因为两岁的孩子并不满足入学的年龄要求。为了让孩子都养成收纳整齐的好习惯，在我们的"儿童之家"，几乎舍弃了所有不必要的物品，而且将留下来的生活必需品都按一定的秩序摆放。**我们希望孩子在环境中是自由的，这样才能引发他们主动表现出秩序感的内心需求。**

1915年，巴拿马运河通航的那一年，我们在"巴拿马—太平洋国际博览会"的中心大厅里搭建了一个玻璃的展示教室，让观众能看到我在前面所描述的情况。一个两岁的孩子在每天放学后都会把所有椅子沿着墙壁摆放好，他在做这些事情的时候，脸上的表情看上去是若有所思的。有一天，这个孩子靠着其中一把椅子，看起来有点儿不知所措。他独自走开了一会儿，然后又回来了。他挪动了这把椅子，将它放在了通常摆放的位置上。

　　还有一个例子，一个4岁的孩子正在将水从一个容器倒入另一个容器中。突然，有水滴落到了地板上，但是这个孩子没有注意到。这时，另一个年纪小一点儿的孩子过来了，他拿着抹布坐到地板上，只要有水滴落，他立马就擦掉。对此，年纪大一些的孩子毫无察觉。当水倒完后，小一点儿的孩子问道："还有吗？"大一点儿的孩子非常惊讶，反问道："还有什么？"

　　但是，如果孩子处在混乱无序的环境中，并且被一群成人围绕，那么刚才我们提到秩序感就会让孩子的内心十分痛苦，也会让成人感到疑惑，甚至会认为孩子过于任性。而当孩子的内心需求得到了满足时，他们会表现得很快乐。为了不错过孩子敏感性的这种征兆，我们一定要研究幼儿心理，因为秩序敏感期是在孩子出生后的几个月就开始出现的。

　　那些经过专业训练的保姆可以提供相关的例证。例如，有个保姆每天都会推着5个月大的婴儿去庭院里散步。每次看到院子里一块墙壁上镶嵌的大理石碑的时候，这个婴儿都会显得特别开心和激动，可是院子里鲜艳的花朵却无法激起他同样的兴趣。于是，保姆每天都会让婴儿观赏一会儿那块大理石碑，这看起来是唯一一件能让他持续快乐的活动。

　　实际上，孩子遇到阻碍时候的表现，更容易让成人意识到敏感性的存在。也许，孩子在大多数情况下毫无缘由地发脾气都是因为敏感性。

在现实生活中还有很多例子。有一个几个月大的婴儿，她习惯于被放在有点儿倾斜的位置上，方便她看清周围的环境。她的房间也没有被漆成通常的白色，而是按照心理需求精心设计的。这个房间的窗户玻璃是彩色的，房间里的家具精致小巧，一张铺有黄色桌布的桌子上还摆有鲜花。有一天，一位客人进入了房间，并且随手将自己带的雨伞放在了桌子上。于是，这个婴儿焦虑不安起来，她盯着雨伞看了一会儿之后就哭了起来。大人以为婴儿是想要雨伞，便递给婴儿。可是婴儿推开了。保姆抱着婴儿靠近雨伞，她还是不停地哭闹。不知情的人都认为婴儿是在乱发脾气。就在这个时候，婴儿的妈妈将雨伞拿出了房间，因为她对孩子早期敏感性的心理征兆有所研究，发现是雨伞引起了孩子的不安。在此之后，这个婴儿立刻停止了哭闹。这个婴儿之所以焦虑不安，就是因为雨伞放错了地方，扰乱了她记忆中东西摆放的通常秩序。

我还可以举出一个亲自参与过的真实案例，这个案例里面的孩子年龄相对大一些。

我曾经和一群人约好穿越那不勒斯的尼禄洞穴。队伍中有一个年轻的妈妈，她带着自己一岁半左右的孩子。穿越洞穴需要徒步走完整个行程，孩子明显无法做到，他走了一段路以后就累了，需要妈妈的帮助。这个妈妈抱起孩子继续前行，但是很明显她低估了难度，随着走得越来越热，她停下来，放下孩子，脱掉了外套并把它搭在手臂上。接着，她再次抱起了孩子，可是外套对于她的动作肯定是有阻碍的。跟着孩子突然哭了起来，而且哭得越来越大声，这个妈妈想努力使孩子平静下来，但是一点儿用也没有。她心力交瘁，忍不住对孩子发起了脾气。队伍里的其他人注意到了这一情况，便过来帮助她。但是无论是谁抱孩子，孩子都会不断地挣扎和哭喊。有人开始哄孩子，也有人批评孩子，但是都没有用，结果反而越来越糟，孩子哭得更凶了。

看起来孩子还是更需要妈妈的怀抱，但是当时他已经处于"发脾气"的状态，大家都束手无策。带队的导游甚至开始训斥妈妈："您的家人怎么会允许您一个人带孩子徒步呢？让我来抱他！"随后，他一把抓过孩子，试图用自己强壮的臂膀压制孩子，但是这引起了孩子更加激烈的挣扎。

这时，我想到了孩子童年的秘密，他突然如此反常一定是有原因的。我走上前去询问这个妈妈："我能帮您穿上外套吗？"听到这句话，这个妈妈很震惊，尽管她当时还是很热，并且也不太理解为什么要这么做，但是她还是听从了我的话，穿好了外套。果然，孩子立刻恢复了安静，不再哭闹，他还说："妈妈，外套穿上。"那个意思好像是"外套应该是穿上的"。也许这个孩子想说的是："你们终于明白我不开心的原因了。"孩子向妈妈张开了双手，重新投入了妈妈温暖的怀抱。我们顺利地走完了接下来的行程。

在这个案例中，孩子认为外套就应该是穿在身上的，而不是像块布一样随意地搭在手臂上，这在孩子的眼中是没有秩序的表现。这个妈妈的行为不遵守秩序，就成了与孩子产生强烈冲突的原因。

我还目睹过另一个非常具有启发意义的家庭场景。有位妈妈因为身体不舒服，就坐在沙发上休息，身后还垫了两个保姆拿过来的靠垫。这时，她21个月大的女儿走了过来，想听妈妈讲故事。妈妈当然不会拒绝孩子提出的这个要求，于是忍受着身体的不舒服开始给孩子讲起故事来。女儿很认真地听着。但是随着身体的不适越来越严重，妈妈实在没有办法继续讲下去，只好让保姆搀扶自己到隔壁房间里的床上躺着。这时，被留在沙发上的女儿哭了起来。大家都以为是妈妈的难受吓到了女儿，所以女儿才会哭泣。大人们尝试安慰孩子却无济于事，而当保姆要将沙发上的靠垫拿给隔壁房间的妈妈时，女儿开始尖叫起来："不是靠垫，不是靠垫！"她好像在说："靠垫不能移动，它必须放在这里。"

大人们尝试着哄孩子，把她带到妈妈床边继续听故事。妈妈也带病坚持，继续讲故事，认为这样能安慰自己的孩子。但是，这个小女孩没有停止哭泣，嘴里还在重复着说："妈妈，沙发。"原来，引起她哭闹的原因根本不是故事，而是妈妈和靠垫都改变了位置，这种场景的转变让小女孩的内心产生了无法修复的冲突。

上述的事例都表明了孩子对秩序的重视，而且孩子很早就能够熟练地运用自己的秩序感，这可真令人感到惊讶。孩子到了2岁时，就进入了秩序感需求的平静期，能够主动并且平和地表现出来。在我们的儿童之家，如果有物品被挪动或者放错了地方，那么关注到这个现象的孩子就会将物品还原，这是很有趣的事情。

2岁左右的孩子很容易注意到生活中细微的不协调的地方，但是大一点儿的孩子和成人就不会关注到这种细节。比如，香皂被放在了脸盆架上而非皂盒里，椅子被放歪了或者被挪动了位置，2岁的孩子都会注意到，并且将这些物品还原。物品的无序摆放会刺激孩子的内心，引发他们行动，而将物品还原成整齐的样子，又能给孩子带来发自内心的真正快乐。在儿童之家，那些3—4岁的孩子上完课或者做完游戏之后都会将物品放回规定的地方，他们是自发而快乐地去做这些事情的。

秩序就是将物品放在它应该放置的地方。**孩子的秩序感代表他们已经意识到环境中的各种物品都有自己的位置，并且他们准确地记住了这些物品的位置。**这也说明孩子适应了周围的环境，也熟悉了所有的细节。每个人的内心深处都憧憬这样一幅场景：我们对自己生活的环境烂熟于心，不用睁开眼睛也能无障碍地随意移动，只要伸手就能拿到想要的东西。这种环境能给予我们平和、愉悦的生活体验。

显而易见的是，秩序对于孩子和成人而言有着不同的意义。在某个阶段，秩序感对于孩子来说极为重要，失去秩序会让他们痛苦难耐，心灵受到伤害。孩子可能没法生活在没有秩序的环境中，秩序感对他们而言生死攸关。但是对于成人来说，秩序感只能带来一些外在的慰藉和一般的愉悦感。孩子是通过周围环境的影响进行自我成长的，这种自我成长并非是胡乱发展的，而是有一个非常明确而周密的规则在指导着它。大自然总是在精确地执行着它的各项计划，人类的生老病死就是其计划之一。秩序之于孩子，就像水之于鱼一样重要。所以，**孩子在人生初期，必须通过环境获取秩序感，完善"自我定位"，让自己的内心通过环境不断发展。**

孩子对秩序的热爱通过游戏表现得更加明显。瑞士心理学家皮亚杰教授吸收了日内瓦的克拉帕来教授的观点，在自己孩子的身上做了一些有趣的实验。

他先是在孩子面前将一样东西藏在了扶手椅的靠垫下面，然后在孩子走出房门之后，又将这个东西转移到了另一把椅子的靠垫下面。皮亚杰教授认为，孩子如果发现东西不见了，一定会到处寻找。但是令他意外的是，他的孩子只是翻了翻第一把椅子的靠垫，当孩子在第一把椅子的靠垫下面没有找到东西的时候，说了一句"没有了"，并没有接着寻找。

之后，皮亚杰教授当着孩子的面又一次重复了这个实验，不过有一个小小的变化：让孩子看着他从第一把扶手椅的靠垫下面将东西拿出来，然后藏到另一把椅子的靠垫下面。然而，孩子依然和刚才一样，只是翻开第一把椅子的靠垫找了一遍，然后说："没有了！"

看到这里，皮亚杰教授不禁对自己孩子的智力产生了质疑。他几乎失去了耐心，直接掀开另一把扶手椅的靠垫，质问孩子："难道你看不到我将东西藏在这里了吗？"孩子的回答却是："我看到了啊！"接着孩子指着第一把椅子说："可是，东西应该在这里！"

由此可见，孩子对于找东西这件事情毫无兴趣，他更关心的是东西是否放在它原本的位置上。从孩子的角度来看，其实真正不懂这个游戏的是自己的父亲。这个游戏难道不应该是将东西拿走然后又将它还原吗？在父亲看来，将东西"藏起来"，就是将东西放在一个肉眼看不到的地方。但是对于孩子而言，如果东西不被放回原来的位置，游戏就失去了意义。

如果你也像我一样曾经和一些两三岁的孩子玩过捉迷藏，你也会像我一样感到惊讶。孩子在玩这个游戏的时候永远是充满活力和期待的。

他们是这么玩的：一个孩子当着所有孩子的面，藏到一个铺着桌布的桌子下面，然后其他的孩子走出房间，等他们再回到房间时就马上去掀开桌布。当这群孩子看到藏在桌子下的小伙伴时就高兴得大声呼喊。这些孩子会一遍又一遍地重复这个过程，每次换一个孩子藏在桌子下面。

还有一次，一群年龄大点儿的孩子陪一个年龄小点儿的孩子一起玩捉迷藏。大孩子们知道小不点儿就躲在家具后面，但是却假装找不到他，以为这样会让小不点儿感到高兴。结果，小不点儿着急了，在家具后面大声喊道："我在这儿呢！"好像在表达自己的不满，"难道你看不到我吗？"

我也曾经参与过这个游戏。一群孩子正在因为找到了藏在门后的小伙伴而欢呼庆祝，然后他们看到我，就请求我和他们一起玩。我答应了孩子们的请求。

于是，孩子们都跑到房间的外面，让我躲藏。我没有藏在门后，而是选择藏在一个柜子后面的角落里。当孩子们再次走进房间后，都跑到门后面去找我。显然他们没有找到我。过了一会儿，他们好像完全放弃了寻找。这时，我自己从柜子后面走了出来，只见孩子们的脸上满是失望，他们好像在说："你为什么没有藏到门后面去呢？"

如果游戏的目的是让人感觉到快乐（的确有孩子沉迷于重复这种在我们眼中很可笑的游戏），那么我们就要知道，对于某个特定年龄段的孩子来说，快乐就是如此简单，只要能在原来的位置找到藏好的东西，他们就很开心。在他们眼中，重新发现物品就是一种秩序感的体现。他们会如此告诫自己："你看不见它，但是我知道它的位置。我即使闭着眼睛也能轻易地找到它。"

孩子被环境赋予了这种内在的秩序敏感性。这是他们内心的感觉，不是为了区别事物，而是为了区别事物之间的联系。他们依靠这种感觉，将环境看作一个整体，由互相依存的各个部分组成。只有在这样一种整体环境中，孩子才有可能适应并有目的地去行动。而也正是在这个基础上，孩子形成了相应的敏感性，并且建立了对整体环境中各个事物之间关系的认知。这就好比我们买了很多家具，那么应该有放置家具的房间。房间是整体环境，有了这个大前提，我们才能认识不同家具之间的关系。如果没有这种能够区别整体环境中不同事物之间关系的秩序感，孩子积累的对外部环境的印象就失去了意义，就像只有各种不同的家具，却没有放置家具的房间。如果我们只知道辨别各种事物而忽略了它们之间的联系，那么就会处于一个混沌的状态。

孩子通过自我成长获得了秩序感，这看上去好像是大自然赐予的能力，但实际上是孩子在适应环境的过程中发掘了属于自己的人生方向。大自然给孩子上的人生第一课，就是秩序敏感期。或者也可以说，这种秩序感是大自然恩赐的指南针，帮助孩子在人生道路上找到了自己的方向，就好像老师通过展示教室的平面图为孩子指引方向。同样的道理，学习语言的能力也是大自然赋予我们的，它可以无限发展，而且会随着年龄的增长而增强。人的心智并非无中生有，它的发展基础正是孩子在敏感期所经历的一切。

四、内部秩序：最重要的敏感点之二

孩子的秩序感分为两种：一种是上文提到的外部秩序感，即孩子对外部环境中各个部分关系的认知；还有一种则是孩子对身体内部的构成、活动和相对位置的感知，我们称为内部秩序感，也叫孩子的"内部定向"。

内部定向是我们长期以来的研究主题。实验心理学家将孩子对自己身体肌肉的感觉称为肌觉。在他们的认知里，肌觉需要一种特别的记忆，即肌肉记忆。他们的这种解释完全是机械的，借助了有意识的运动经验。有意识的运动，指的是我们自己有意识地移动自己的身体，比如手部，去拿取某个物品，在这个过程中，我们能够感知到手的移动，并记住这个动作，日后还会重复这个动作。

但是，孩子的经历与我们的认知是相反的。他们是先经历了一个关于身体位置的敏感期，之后才能开始自由地移动物体以及进行有意识的运动。这表明了大自然赋予孩子一种与他的身体的各种姿势和位置有关的特殊敏感性。

那些陈旧的理论在意的是神经机制，敏感期在意的却是心理活动，这些心理活动都为孩子的意识发展打下了基础。孩子的心理冲动和情感冲动都是"无中生有"的，从中会产生一些基本原则，在基本原则的基础上，孩子才能构建自己的内心世界。因此是大自然赐予了孩子构建内心世界的可能性，而意识的发展则让他们的内心世界更加强大。

当孩子的发展受到周围环境中有害因素的阻挠时，我们就能发现敏感期存在的各种反面证据。这些证据不仅能向我们证明敏感期的存在，还能证明敏感期给孩子带来的固有的敏感性。当这种情况发生时，孩子会变得焦虑、暴躁、大声哭闹，甚至会产生疾病。如果我们任由这些有害因素存在，那么孩子的疾病是不可能被治愈的，只有消除环境中的有害因素，孩子的疾病才能痊愈，而这样一来也找到了孩子出现反常行为的原因。

一位英国保姆曾经告诉我这样一个有趣的故事。她曾经因为某种紧急情况需要离开她工作的那个家庭，因此，她向雇主告假并找到了一个同样优秀的保姆来顶替她照顾孩子。一开始，这个暂代她的保姆觉得这份工作很简单。可是她没想到的是，在给孩子洗澡时碰到了很大的困难。孩子一洗澡就会不停地哭闹，想要挣脱她的怀抱，无论她怎么做都无济于事。慢慢地，孩子还表现出了对她的厌恶。直到这个英国保姆回来复职后，孩子才恢复了平静，而且很明显地又喜欢洗澡了。这个英国保姆曾经在蒙台梭利学校接受过训练，她对这个问题产生的原因和孩子的心理变化非常感兴趣，于是尝试通过观察来获得解读孩子内心的密码。

她翻看了代理保姆的工作日记，果然有所发现，这个代理保姆给孩子洗澡的方法和自己是完全相反的。英国保姆是用右手托头、左手扶着脚的姿势来给孩子洗澡，而代理保姆却刚好相反。因此，孩子的身体位置发生了改变，扰乱了他内心的秩序，导致他把代理保姆当成了坏人。

我还碰到过一起医学纠纷，情况更为严重。当时，我还不是正式的医生，所以没有直接参与，只是目睹了整个事件发生的过程。

一个家庭刚刚结束了一次长途旅行，他们来医院的原因是其中一个年龄小的孩子生病了。这个孩子晚上无法入睡，消化也出现了问题。家人都认为，这个孩子之所以生病，是因为无法忍受旅途的疲惫。

母亲向我们描述了旅途中的情况：一切都很好。在旅途中，他们每天都住在一流的酒店，也为孩子准备了婴儿食品和舒适的摇篮。到了这里之后，他们选择一间宽敞的带有家具的公寓，不过里面没有摇篮，孩子需要和妈妈一起睡在大人的床上。也就是从这个时候开始，孩子整晚地不睡觉，必须由大人抱着走来走去。而且孩子还不停地哭闹，家人都以为是胃受了刺激。

家人请了儿科医生给孩子做检查，医生提出，孩子之所以这样，可能是因为食物中缺乏维生素。于是，家人根据专家的建议为孩子准备了特殊的食物，但是吃了以后也没有好转。他们也尝试了让孩子晒晒太阳、呼吸新鲜的空气，以及其他现代的治疗方式，都无济于事。孩子的情况每况愈下，夜晚成了全家人的噩梦。最后，孩子还出现了惊厥、抽搐的行为，甚至会痛苦得打滚。这种情况每天发生两三次。

孩子无法用语言表达自己的痛苦，家里人也找不到原因，只好请最有名的专家来为孩子会诊。我有幸跟着一位知名的儿童精神科医生去了现场。孩子看上去很健康，他的父母表示，在之前的旅途中，孩子一直很乖巧、很健康，因此推断孩子的反常行为可能是由于精神上受了刺激。当时，我看着孩子在床上痛苦地翻滚，忽然灵光一闪。我用两把带扶手的椅子面对面拼成摇篮的样子，然后在里面垫上床单和毛毯，跟着将这个"摇篮"拖到了床边。没想到，孩子一看到这个简易的摇篮就停止了哭闹，他慢慢地靠近这个摇篮，滚了进去，嘴里还喃喃地念着："摇篮，摇篮。"随后，这个孩子安心地睡着了。从那以后，孩子就不治而愈了。由此我发现，孩子是在用生理上的痛苦来表达自己对无序环境的抗议：为什么不让我睡在摇篮里，为什么要让我睡在大人的床上？

显而易见的是，孩子非常敏锐地感受到了摇篮和成人床的区别。摇篮的围栏给了他支撑感，成人的床没有围栏，无法提供给他这种感觉。这种感觉的丧失让孩子的内在定向受到了影响，引发了内心冲突，让他陷入痛苦之中。这种病症让很多医生都束手无策。可以说，敏感期的力量威力无比。

孩子和成人对秩序的感受方式是不一样的。成人由于对周围环境的印象已经足够丰富，导致对环境的秩序感逐渐麻木。而孩子对环境的印象却依然很贫乏，需要靠自己去努力获取，他们在这个过程中不知疲倦，而且将成人视为这种创造能力的继承人。可是成人已经拥有了一切，也确立了自己的社会地位，因而变得冷漠、迟钝，在面对孩子时自以为高人一等。成人的表现就像一个通过辛勤劳动而富裕起来的人的后代，坐享其成，无法理解前人在辛勤劳动的过程中所承受的艰难困苦。

成人之所以能适应这个世界，是因为童年时期的创造力和敏感性，我们得以发展了理性、建立了意志、激活了肌肉，成为现在的自己，这些能力都是我们在童年时期获得的。正是童年时期的敏感性让我们感受到了自己的存在。现在的我们之所以富裕，是因为继承了童年的财富，一无所有的童年时期为我们奠定了未来生活的基础。童年时期的我们为迈出生命的第一步付出了巨大的努力，从一无所有到现在可以坚定地走在人生道路上。"生命之泉"在童年时期的自我成长中不断喷涌，促使我们不断创造、不断进步，但是当时的我们无法感知，现在的我们也无法回忆。

五、智力发展的驱动力

机械心理学家一贯主张，孩子的智力是随着对外部环境的认知而慢慢发展起来的。很显然，孩子的表现推翻了这一点。然而事实上，机械心理学的观点对科学和教育的发展仍然发挥着巨大的作用，也极大地影响了现代社会对孩子的教育和照顾。机械心理学认为，心智是由外界物体的印象强制闯入心理层面而形成的。这些印象通过组合在一起，会变得有秩序，这样就形成了智力。这种观点的前提是，孩子的内心是完全被动地由外界因素支配的，也就是说成人可以完全控制孩子。还有一个相似的观点，对此有所补充，那就是孩子不仅消极被动，内心还是一片空白，正在等待外界的填充。

当然，根据儿童之家的实践经验，我们是不会忽视环境对孩子心智发展的重要影响的。大家都知道，蒙台梭利教育法非常重视环境，整个教育体系就是以环境为中心的。对比其他的教育体系，蒙台梭利教育法在孩子对周围环境的感知上更基础、更细致。同时对比传统观念中将孩子看作一个被动消极的接收者，我们更强调孩子内在的敏感性。孩子从出生就开始经历敏感期，长达5年左右，而且敏感期赋予了孩子巨大的能量在环境中成长。在这个过程中，孩子是主动观察和选择的，他们可以通过感官积极、有选择地吸收环境中的印象，这与传统观念是完全相反的。当孩子作为观察者和选择者时，他们内心的冲动会根据自身的感受和兴趣去挑选环境中的印象。美国心理学家威廉·詹姆士认为，没有人能观察到事物的全貌，每个人看到的部分取决于自身的感受和喜好。这也是不同的人会对同一物体有不同描述的原因。詹姆士用一个很巧妙的例子说明了这一点。比如你是一个非常在意自己穿着打扮的人，那么你上街的时候就会下意识地观察那些打扮时髦的人。詹姆士开玩笑地说，在注意别人打扮的同时，一定要注意来往的车辆，否则会有丧命的危险。

那么问题来了，身边的环境如此繁杂，孩子是如何确定自己的喜好并进行选择的呢？很明显，詹姆士的例子说明了孩子并不受外部环境的影响，因为他们还不具备这样的经验。他们一无所知，依靠自己内心的力量自由发展。回归正题，敏感期的孩子，其内心的动向都是围绕理性进行的，孩子的理性必然是富有创造力的。这种理性从萌芽到发展，最后凭借着从环境中吸收的印象来让它具体化。

理性的力量无法抵挡。外部世界的印象进入孩子的大脑后会马上被整合起来用于理性。敏感期的孩子如饥似渴地吸收着来自外部环境的印象，甚至称得上贪婪。大家都知道，光线、颜色和声音对孩子有强烈的吸引力，孩子会从对它们的追逐中得到快乐。这种理性的过程是自发的，才刚刚开始。在这里，我们并不强调如何在敏感期给予孩子支持。孩子的理性发展是从无到有的，这是一个神圣的创造过程，只有我们人类才有这个天赋。早在学会走路之前，孩子就开启了理性创造的探索之路，而且会越走越远。

或者有一个实例可以解释清楚这个问题，比如我们在前面提到的那个案例，孩子同时看到了自己的父亲和叔叔。

如果换一个环境，成人忽略了孩子从出生开始就拥有的心理作用，那么这个孩子的心理变化过程也就会被忽略，并且这个孩子也会失去通过这两个男人获得帮助的机会。而正是这两个男人的帮助，让孩子迈出了关键性的一步，从而获得了对外部环境的印象。

我们还可以看看一个7个月大的小女孩的例子。这个小女孩正在沙发上玩靠垫。靠垫上有花朵和小孩的图案，这个女孩对此产生了兴趣，她颇有兴致地闻一闻靠垫上的花儿，亲吻靠垫上的小孩。负责照顾小女孩的保姆没有接受过什么教育，她觉得小女孩是没有选择地在做这些动作，于是她又拿出了其他的东西让小女孩去触碰、亲吻。结果保姆的行为让小女孩陷入了迷茫。这个年龄段的小孩正在构建内心的心智，它通过识别对外界的印象并保存为记忆来愉快安静地完成这项任务，可是成人的无知让这种内在秩序感的构建工作戛然而止。

由此可见，当成人在生活中毫无缘由地打断孩子时，当成人将孩子突然举起来时，当成人试着逗弄孩子或分散孩子的注意力时，都有可能扰乱孩子内心的秩序。同样地，如果我们突然亲吻孩子，或者忽略了孩子的需求而强行让孩子入睡，都是在打扰他们内在的秩序感，可能会让孩子内心刚刚形成的心智化为乌有，就好像浪花会冲散沙滩上的沙堆城堡一样。孩子必须将对外部环境的印象纳入记忆之中，只有这样，才能创造自己的心智。

一位知名的儿科医生曾经历过一件有趣的事情。他拥有一家很大的诊所，主要研究1岁前婴儿的人工哺育。经过研究，他得出了一个结论，在对婴儿人工哺育的过程中必须考虑婴儿的个人因素。因此，在一个特定的年龄段之前，并不存在"适合所有孩子"的母乳，任何食物都存在隐患，因为它可能对这个孩子有益，却对另一个孩子有害。他的研究结果可以非常有效地帮助不足半岁的孩子，但是对于大于半岁的孩子却毫无用处。因为孩子过了半岁以后，人工哺育就变得简单了，至于为什么会出现这样的情况，在当时还是个谜。

后来，诊所迎来了一些不能自己哺乳孩子的妈妈，她们想知道如何进行科学的人工哺育。这名儿科医生为她们专设了门诊来进行指导。经过观察，医生发现这些妈妈的孩子并没有在半岁以后排斥人工哺育。经过反复的观察，医生认为，必须从心理的角度去解读这种现象。这个医生发现，诊所里其他半岁以上的孩子由于"内心缺乏营养而产生了心理疲倦"。于是，医生开始给孩子们安排丰富的娱乐活动，不再局限于去阳台上晒太阳，以便使孩子们的内心得到满足。最后，所有孩子都恢复了健康。

大量的实验表明，孩子们在出生后的一年内可以对身边的环境形成足够清晰的印象，并且能通过图片认出这种环境。还有一点可以肯定的是，一旦孩子对周围的环境有了足够了解，他们也就失去了对环境的兴趣。

而在出生之后的第二年，孩子不再疯狂迷恋颜色丰富的物品或者是漂亮的颜色。事实上，这种疯狂迷恋恰好是敏感期的特征之一。2 岁的孩子开始关注一些成人忽视的小东西，应该说，他们开始对那些不起眼的物品或者处于人类意识边缘的物品产生兴趣。

我第一次发现孩子对细节的敏感性是因为一个一岁三个月的孩子。当时，我听到她在花园里笑得很大声，这个现象在这个年龄段的孩子身上是很少见的。于是我走过去看了一下，只见她一个人坐在路边的石头上，旁边是一个种满了天竺葵的花坛，天竺葵开得很灿烂。然而，小女孩的视线并没有聚焦在花儿上，她死死地盯着地面，但是在我看来，地上什么都没有。我慢慢地走近她，想了解她到底在看什么。小女孩无比认真地对我说："那里有东西在动呢！"通过她的指引，我才发现有一个小昆虫在飞速地移动，那个昆虫十分微小，而且身体的颜色与地面很接近。原来是这么一个小生物引起了小女孩的好奇心，并且让她感到快乐。很明显，她的快乐和光线、花朵或者颜色都没有关系。

　　这样的案例不止一个，另一个差不多大的小女孩也向我展示了这一点。小女孩的妈妈为她收集了一堆彩色明信片，她非常开心地向我展示着自己的宝藏。她很开心地对我说："吧……吧。"她是要我看汽车的图片。这些明信片的内容非常丰富，有各种飞禽走兽，比如长颈鹿、狮子、猴子、熊、鸟类、绵羊、猫、马等，还有一些生活风景，里面囊括了人、房屋和家禽等。但是我看了半天，就是没有看到小汽车的图片。

　　我问小女孩："汽车在哪里呢？"小女孩左翻右找，最后挑出一张明信片得意地展示给我说："在这儿呢！"这张明信片展示的是打猎的场景，画面的中间是一只猎狗，远处是扛着猎枪的猎人，角落里还有村屋和一条弯弯曲曲的线，这条线应该表示的是一条小路。在这条小路上，有一个非常小的黑点，小女孩指着黑点说："吧……吧。"实际上，这个黑点小到几乎可以忽略，但是我非常肯定，它是一辆车。这个明信片中如此不起眼的汽车很容易被我们忽视了，但是却引起了小女孩的兴趣，使她觉得有必要展示给我看。

　　当时我想，可能是因为没有人向小女孩讲解其他有趣又漂亮的明信片，才会让她执着于这辆汽车。于是，我拿起一张画有长颈鹿的明信片，对小女孩说："快看，这个长颈鹿的脖子多长啊！"小女孩脸上高兴的表情消失了，她失落地说了声"长颈鹿"。看到她这个样子，我没有勇气继续讲下去了。

也许我们可以这样认为，孩子在生命的第二年存在这样一个阶段：大自然会逐渐引导他的心智，帮助他理解外界的环境。

我们一直认为，只有那些鲜艳的物品、漂亮的颜色和震耳欲聋的声音能刺激孩子，引发他们强烈的兴趣。我们也注意到了，悦耳的歌声、有节奏的钟声、随风飘扬的旗帜以及耀眼的灯光都能吸引孩子。但是，这些东西的影响都只是暂时的，它们虽然可以引起孩子的注意，但是过不了多久，孩子就会对它们失去兴趣。或者我们可以通过一个不太准确的例子说明一下。假设我正在家看一本自己感兴趣的书，外面突然传来了吵闹的奏乐声。我可能会站到窗边去看看热闹。这时，大家看到我这么做，会认为是我不够专注，很容易受到声音的刺激。我们也会这样判断孩子。但是事实上，孩子被吸引注意力这个过程是非常短暂的，与影响孩子心理活动的心智并无联系。当我们发现孩子很容易发现那些成人几乎不关注的小细节时，可以看作孩子有心理活动的证明。但是，孩子在发现细节性的事物时都充满兴致，对他们而言不仅是一种感官印象，更多的是一种"爱的智慧"的表现。

在成人眼里，孩子的心理活动是一个谜。这个谜之所以难解，是因为我们只是通过它的外在表现来作出判断，而忽略了内在的心理机能。任何现象的背后都有其存在的动机。假设我们将孩子所有迷惑的反应和难过的阶段都草率地称为"调皮捣蛋"，那这个阶段就是我们必须要面对的难题。这件事情并不简单，但是有着独特的趣味。因为这代表着我们不仅要从另一个全新的角度看待孩子，还要成为孩子的研究者，而不再是强制而盲目地控制孩子。毕竟在成人和孩子的世界里，大多数时候都是成人在控制和评判孩子的行为。

一群现代女性聚在客厅里聊天，她们的教育观念都很新潮。女主人一岁半的儿子安静地在旁边玩耍。这群女性从教育理论谈到了教育实践，又谈到了适合小朋友看的书籍。

女主人推荐了一本书："大家知道《小黑人桑布的故事》吗？黑人小朋友过生日的那天，父母送给他很多礼物：雨伞、裤子、鞋子、长筒袜和彩色夹克。当父母准备生日晚餐的时候，桑布迫不及待地穿上了父母送的新衣服，然后偷偷地出门了，他想在大家面前炫耀一下。一路上，桑布遇到了很多老虎拦路吓唬他，他迫于无奈脱下了自己的新衣服来安抚老虎。他将自己的新衣服一样样地脱了下来，最后只能光着身子哭着回了家。不过，在故事的最后，桑布得到了爸爸妈妈的谅解和安慰，一家人欢乐地享受了美好的晚餐。故事的结局很圆满，大家从书的最后一幅画就能看出来。"

女主人介绍完故事大纲后，就将这本书传给其他人看。这个时候，女主人的儿子突然说话了："不，Lola。"大家都觉得很惊讶，似乎小男孩在说什么谜语。

小男孩不停地大声重复着："不，Lola！"

　　女主人向大家解释道："Lola是来过我们家的一个保姆，照顾过孩子几天。"小男孩突然哭了起来，开始发起了脾气，他不停地叫着"Lola"。这时，有一个客人将书递给小男孩，并且指着书最后的那幅画，这幅画并不属于正文，而是在书的封底，画着桑布正在哭泣……这下子，大家都明白了小男孩的意思，他叫的不是保姆的名字，而是西班牙语"llora"，这个词是哭泣的意思。

　　只有小男孩看懂了这个故事的结局，并非如大人所说的皆大欢喜，他记得书的最后是桑布在哭。所有的成人都没有注意到这个细节，因此小男孩很不满，并且用哭泣来表达异议。尽管当时这个小男孩并不能完全理解大人们的聊天内容，但是他很准确地把握住了这段漫长对话的整体走向。由此可见，成人与孩子对事物的观察角度与方式完全不同，这并不是发展程度大与小的问题。

　　孩子能从实际生活中观察到细微的细节，而成人却只能整体地看到出现在眼前的印象，这一点足够让孩子瞧不起成人。孩子认为成人是低等且无能的，因为成人根本不懂得观察细节。也许在孩子的眼中，成人感官迟钝且生活无趣，根本无法发现生活中有趣的事物。如果孩子可以表达自我，他们肯定会毫不迟疑地告诉我们，不止成人不信任孩子，孩子同样不信任成人。成人与孩子拥有两种完全不同的思维方式，根本不能相互理解。

孩子成长的障碍

成人是强者，孩子是弱者，为了保证孩子顺利地成长，成人必须在帮助孩子的过程中克制自己的控制欲。同时，成人应该为能理解孩子的想法、追随孩子的步伐而感到自豪。

Chapter 4

一、睡眠

　　成人与孩子的第一次冲突开始于孩子可以单独行动的时候。

　　在这之前，无论孩子听什么、看什么，成人都无法完全干预，孩子可以自由地用自己的感官去认识世界。成人意识到孩子的内心存在激烈且矛盾的心理活动，必须通过外界环境的改变来使自己的内心安静祥和地从外界吸收信息。

　　然而一旦孩子变得能控制自己的身体，主动行走并且用身体触碰外界物质的时候，一切就都变了。不管对孩子的爱有多深，成人从内心深处都是防备着孩子的，他们在潜意识中害怕孩子的自由行动会带来不好的后果，因为他们觉得孩子盲目且冲动，当然这种恐惧感还源于对自己财产的保护欲，他们怕孩子损坏或者弄脏属于自己的物品。

　　正是这种恐惧和潜意识的防备心理与成人对孩子的爱产生了冲突。他们一方面认为孩子的诞生给自己带来了快乐；另一方面也有随时为孩子牺牲自我的心理准备，会毫不犹豫地为孩子放弃他们觉得自己能放弃的一切。成人的心态与孩子的心态完全不一样，这对大家在一起和谐生活形成了阻碍，因此必须进行协调。这时候就出现了另一个重要的问题：我们在家庭中应该如何对待孩子。

可以很明显地看出，成人所谓的协调完全不利于孩子的发展，因为这种调整将孩子放在了低级的层次上。成人有绝对的控制权，会控制孩子那些为他们带来不方便的行动，这是无法避免的。成人并未意识到自己对孩子的防备心理，而只看到了自己对孩子无私的爱。这也正是弗洛伊德所谓的"成人的伪装"，成人的这种防备本能经过了伪装才显示出来，比如成人对自己财物的占有欲，让他们迫不及待地保护自己的所有物，而非让这些财物远离孩子。成人的贪婪与自私被"我们有责任培训孩子良好的生活习惯""只有让孩子多休息才能更健康"掩盖起来了，他们以这样的理由来隐藏自己的宁静生活被扰乱。

一些思想简单的处于社会底层的妈妈可能会通过责骂孩子，甚至驱赶孩子来进行防御，但是之后，她也会对孩子敞开怀抱，通过亲吻孩子来表达自己对孩子的爱。当然，一些身份高贵的妈妈们也会如此，上层社会的生活让她们的思维和情感模式都固定了，她们要求自己只具备某些高尚的态度——爱与责任、牺牲与克制，她们必须将捍卫自己、防御孩子的意识进行全副伪装。她们其实比那些底层妈妈们更想摆脱孩子而拥有自己的私人空间，所以，她们会让保姆带着孩子经常外出或者哄孩子多多休息。这些妈妈们通常会对育儿保姆非常友善，甚至近乎顺从，这实际上就是在暗示保姆，让这个烦心的孩子离我远点儿吧，我愿意为了这一点付出和忍让。

当孩子刚学会走路，迈出了掌控身体的第一步时，他们还没来得及为自己激发了行走能力而感到欣喜，很快就遇到了更大的困难——有一群巨人试图阻止他们进入这个世界。

人性的本质究竟是什么？就是保卫自己的所有物，抵挡来自外界的入侵者。这种本性尽管是通过那些不断发生的民族冲突来体现的，但事实上它来源于人类的潜意识深处。最初，我们并没有注意到这一点，但是当人类为了保卫和平、捍卫自己的财物不被下一代破坏时，我们发现了一些细枝末节。随着孩子不断地为自己的生存和发展而奋斗，成人终将无法抵挡新一代的前进。孩子对成人的抗议和斗争，并不是明目张胆地进行的，而是在双方的伪装之下（孩子的纯真无邪和成人的关怀）无意识进行的。

成人理直气壮地认为："孩子不能到处乱跑，不能随便触碰我们的东西，不能大声喊叫。他们最好是长时间地保持不动，多吃东西多睡觉。"成人甚至想当然地认为孩子应该参加户外活动，即使没有父母的陪伴，随便和什么人待在一起也没有关系。为了让自己过得轻松，懒惰的成人还会选择一个最简单的方法，那就是让孩子睡觉。

孩子当然是需要睡觉的。但是孩子绝不会是一个完全的"安眠者"，他们需要花时间去观察环境。他们需要的是正常的睡眠，充足而不过量，所以我们一定要区分正常睡觉和人为地哄睡。一个强势的人可以通过暗示去控制那些意志力薄弱的人，首要步骤就是哄病人睡觉。因此，大人会潜意识地利用各种心理暗示来让孩子睡觉。

所有成人，无论是受过教育的还是没有受过教育的，甚至是专门的育婴保姆，都想让孩子多多睡觉，即使在孩子本该醒着的时候。不光是新生儿，还有两三岁或者更大一点儿的孩子，都会被强迫多多休息，他们的睡眠时间已经超过了正常的睡眠时间。不过，穷人家的孩子可以逃过一劫，他们可以在外面满街乱窜，妈妈们并不会太在意。纵观整个社会的心理表现，穷人家的孩子没有其他孩子那么矫情。

成人对孩子睡眠如此重视，就好像睡眠在孩子的生活中如同无法离开的空气和食物一样。这一切都只让孩子的生活变得单调无趣。曾经有一个7岁的孩子对我抱怨，他从来没见过星星，因为家人总是要求他天黑之前就睡觉。他非常渴望能够在山顶上待一个晚上，可以尽情地欣赏星星。大部分父母都会对外炫耀，我们家孩子作息很规律，每天早早地就睡着了，因此他们自己拥有了晚上的欢乐时光。

在孩子会走会跑以后，成人会为孩子准备一个专属的小床，这种床不像摇篮那样漂亮、柔软，也不像成人床那样宽敞、舒服，它更像是一个牢房，企图像禁锢动物一样禁锢孩子，而这个孩子正在为自己的内心发展而努力抗争。孩子如同囚犯一样待在这个专属的小床上，他们并不情愿却身不由己。这个"牢笼"其实就是一个符号——孩子是文明的囚徒。这种文明以成人的利益为基础，它会限制孩子的自由，慢慢地压榨他们的自由空间，最终让孩子的世界只剩下牢笼和虚无。

孩子的专属小床就像一个架在高处的监狱，有了它，成人不用特意弯腰去照顾孩子，并且可以安心地将孩子单独留下。他们很肯定，这是一个绝对安全的空间，孩子可能会哭但是不会受到伤害。孩子的房间一片黑暗，没有一丝光线会影响他，他会早早地休息，这样父母就能获得自由。而到了早上，孩子也被迫睡懒觉，直到晚睡的父母醒来为止。

要想改善现在的情况，首先就是改革孩子睡眠专用床，并且不再勉强孩子过度睡眠。成人应该让孩子困了再睡觉，睡够了自然醒，想起床可以随时爬起来。

针对这两点，我们给出了具体的建议，并且得到了很多家庭的认可。首先，放弃现在的牢笼式小床，改为低矮的小床，以便孩子随时自己上下床。这个小小的改变会引起巨大的反响。床变矮了，更靠近地面，能更好地帮助孩子的内心发展，因为孩子需要的是简单的东西，而不是那些成人眼中对孩子好的复杂物品，那些复杂物品反而会阻挠孩子的发展。很多家庭都进行了这种变革，他们直接将床垫放在地上，铺上柔软的毛毯，这样孩子可以自己睡觉或者起床，也不会吵到父母。

生活里有许多类似的事例可以证明，成人对孩子的控制欲和自以为是的优越感并不符合孩子的需求，也就是所谓的好心办了坏事。成人的行为都受到潜意识的支配，是一种自我保护的本能，但是实际上这种本能是可以克服的。

通过上面的描述，我们已经了解到成人应该尽全力地去了解孩子的内心需求，创造一个最适宜的外部环境来促进孩子成长。这将开启教育的新纪元，这种全新的教育理念会着力在如何给孩子带来真正的帮助上。我们要彻底推翻旧思想，不再把孩子看作可以让成人拎来拎去的东西，孩子也不用盲目地服从成人的安排，更不用成为与成人一样的人。如果还停留在过去的想法，就会阻碍我们改善孩子的生活。成人的职责应该是理解孩子的内心，支持和帮助孩子自由地发展。这也应该是妈妈和老师的共同目标了。**成人是强者，孩子是弱者，为了保证孩子顺利地成长，成人必须在帮助孩子的过程中克制自己的控制欲。同时，成人应该为能理解孩子的想法、追随孩子的步伐而感到自豪。**

二、行走

成人的职责就是放弃自己的控制欲，让自己去适应孩子成长的需要，告别那些自私自利的占有欲。

对于高级动物而言，为幼崽牺牲自我并去适应它们的需求是一种本能。比如，当大象妈妈带领小象回归象群的时候，象群为了让小象不掉队都会放慢前行的速度。在行进过程中，如果小象因为疲愈而停下脚步时，象群也会自动停步，这个情形不可谓不有趣了。

　　成人为孩子牺牲的这种行为在世界各地都存在。我曾经观察过一对日本父子，爸爸带着一岁半的儿子在路上散步。突然，儿子抱住了爸爸的腿，于是爸爸停了下来，保持站立的姿势，方便儿子可以绕着他的腿转圈圈，这是小朋友的趣味游戏。等儿子玩够了，爸爸就带着他继续前行。过了一会儿，儿子坐了下来，爸爸就站在旁边看着。爸爸虽然全程都不苟言笑，但是表情也很自然，他仅仅是陪儿子散步罢了。

　　陪孩子散步是非常必要的，因为在这个过程中，孩子会锻炼自己的行走能力，训练自己身体的协调性和平衡感。我们不得不承认，直立行走对于人类而言并非一件简单的事情。

　　尽管人类和哺乳类动物一样拥有完整的四肢，但是我们必须保持直立行走，而不是用四肢去爬行。即使是手臂颀长的猴子在直立行走的时候都不得不使用一只手臂作为支撑，人类却是唯一一种能完全依靠双腿直立行走的高级动物，无须借助任何外力。那些依靠四肢爬行的动物在行走时，都会抬起一条前腿和另一侧的后腿，另外两条腿立在地面上维持身体平衡；而人类在直立行走时，会先将身体重心放在其中一条腿上，然后迈出另外一条腿，这样依次进行。大自然中的生物通过两种不同的方式来行走，动物依靠自己的本能学会前行，而人类通过自身的努力学会了直立行走。

　　孩子学会走路并不完全依赖于时间，随着行走能力的降临，他们需要通过自我的不断练习才具备了行走的能力。当孩子走出人生中的第一步时，整个家庭都会觉得开心。这来之不易的第一步就是对大自然的征服，也代表孩子步入了自己人生的第二年。拥有行走的能力对于孩子而言仿若新生，他从一个依靠别人才能移动的人成长为一个拥有主动权的人。从生理的角度而言，这种新的身体机能的发育就代表着孩子在正常发展。

当然，迈出第一步还远远不够，他们必须通过不断的练习获得平衡感和稳定行走的能力。在刚刚开始学会走路的时候，孩子带有一种难以言表的兴奋，他们横冲直撞不畏惧危险，就像一个勇敢冲锋的士兵。出于保护孩子免受伤害的心理，成人会给孩子添加保护设施，但是这些设施反而会阻碍孩子的行走练习。哪怕孩子的腿脚已经足够强健有力，成人依然把孩子圈禁在学步栏里练习走路；当成人带孩子外出时，则会让孩子待在手推车里。

之所以会出现这样的情况，是因为孩子的步伐比成人的步伐小，再加上身体的耐力不足以支持他们长时间地行走，成人不愿意迁就孩子的步伐，就只能将孩子放在围栏里或者手推车里。即使是保姆带着孩子出门，她们也不会迁就孩子的步伐，最后只能是孩子去适应成人。保姆按照自己的行进速度推动手推车，孩子坐在里面就像是手推车上叫卖的水果。保姆只有在到达自己的目的地后（也许是公园的阴凉角落）才会停下来，她会悠闲地坐下来，准许孩子在她的目光所及之处玩耍。这一切都是为了避免外在的安全隐患，她在意的只是孩子的生理安全，却忽略了孩子的心理发展。

在正常情况下，一岁到两岁的孩子可以走上一英里的路程，还可以爬斜坡和楼梯等。孩子的行走目的显然与成人的完全不同。成人走路就是为了到达某个目的地，中途不会流连，他们脚步匆匆，几乎是机械性地行走。但孩子是通过行走来发展自己的能力，他们走得很慢，没有所谓的目的地，途中任何一个物体都会引起他们的注意，引导他们继续行走。如果我们想要帮助孩子，就势必要迁就孩子的步伐。

我曾经在那不勒斯结识了一对夫妻，他们最小的孩子只有一岁半。从他们居住的地方到海边必须经过一条陡峭的山路，大概要行走一英里，没有任何交通工具。本来这对夫妻想抱着孩子走完全程，但是一岁半的孩子抱起来实在是太重太累了。最后的结果出人意料，孩子自己走到了目的地。他在途中时而停下来看花，时而在草坪上玩耍，时而停下来观察小动物，他甚至盯着一只吃草的驴子长达15分钟。后来，这个孩子迷上了这条漫长而艰难的道路，每天都会不知疲倦地往返。

在西班牙，我认识了两个年龄在2—3岁之间的小孩，他们可以自己走一英里的路。还有一些孩子，他们可以在陡峭的楼梯上来回爬动一个多小时。

提到楼梯，我又想起了一位母亲很焦虑地指责"不受控"的孩子的例子。之前有一位母亲找到我，说她女儿胡乱发脾气的问题。小女孩刚学会走路，她看到楼梯就会大叫，如果大人抱着她上楼梯或者下楼梯，她就会激动地像是要发疯。母亲认为这只是一种巧合，因为孩子不可能因为被抱着走楼梯就生气，这说不通。其实很明显，这个小女孩是想自己去爬楼梯的。对于刚刚学会走路的孩子来说，楼梯非常具有吸引力，楼梯上面有一层层的台阶，孩子可以手脚并用地玩耍，也可以坐在上面，这可比在草坪上走路有意思多了，毕竟在草丛里看不到自己的脚，也没有放手的位置。然而，草坪是孩子唯一可以自由行动的地方。在草坪上，成人不会强制性地去扶着孩子，也不用将孩子塞在手推车里面。

我们在生活中很容易发现，每个孩子都非常喜欢走路和奔跑。室外的滑滑梯上永远挤满了孩子，他们会想尽办法爬上滑下。那些贫穷家庭的孩子能够非常自如地走街过巷，自如地避开风险，和小伙伴们到处玩耍，甚至能攀上行走中的马车。这代表了他们体内有这种行动的潜能。但是那些上层家庭的孩子却已经失去了这种潜能，他们被教育得懦弱怕事，最终一事无成。其实不管是哪个阶层的孩子，在他们的发展过程中并没有得到外界真正的帮助。穷人家的孩子被遗弃在一个过于危险的成长环境中，上层家庭家的孩子被所谓的"保护"抹杀了他们潜能的发育。孩子们通过自己的努力想要成为人类的成员。

三、手和脑

从生理学的角度来讲，我们将走路和说话作为孩子正常发展的标志，而这两样都与孩子的运动相关，所以科学上将这两样运动视为占星术，觉得通过它们能了解孩子的未来。事实上，这两样技能的发展已经向人类证明，孩子在运动能力的创造和语言能力的表达上已经迈出了自我发展的第一步。现在，语言是人类的专属特征，它能表达思想；行走是人类与动物的共同特征。而动物与植物的区别就是动物可以自由地活动，这也成了动物的基本特征。所以，尽管人类可以在空间内自由移动身体，甚至走遍全世界，但是行走并非人类的专属特征。

实际上，真正与人类心智紧密相连的反而是那些"动作特征"，它为思维服务。我们判定人类最早存在于史前，就是通过那些人类用过的工具——有缺口的石块来推理的，工具的应用也标志着人类进入一个新的纪元。我们发出的声音会随风而逝，通过双手刻画的语言标记却没有消失，反而记录了人类的历史。人类形态的进化以及直立行走都是以双手的使用为前提的，它不仅代表了运动的能力，更代表了心智的发展。正因为这样，人类才能在进化过程中拔得头筹，并且通过自己的行动展示身心合一的功效。

除了表现人类的心智之外，这双构造精密的手还能帮助人类与周围的环境建立联系。甚至可以说，我们通过双手占有，通过理智的思考改善环境，才能完成自己在整个大自然中的独特使命。

所以，如果我们要确定孩子的心理发展情况，就应该以心理发展的两种外在表现——语言和双手的运用来衡量他们的心智运动，这才是合乎逻辑的做法。

这两种外在表现总是与我们潜在的本能相联系，并且我们还应把这两种表现当作人类独有的特征。我们对语言和双手的重要性的认知，还停留在与社会生活相关的一些符号上。比如，当两个人决定结婚时，他们会手牵手一起宣誓。他们决定生活在一起，就会"许下诺言"，而男人向女人求婚，就是决定"牵手共度一生"。宣誓的时候是需要举手宣读的。

上述这一切充分展示了人们潜意识地将手作为内在自我的外在表现形式。如果事实真的如此，我们更应该注重孩子手的发展，这将是一件多么神圣的事情啊！当孩子第一次有意识地朝着物体伸出双手的时候，代表了他们对这个世界的好奇和渴望，而成人作为观察者，必须对这个动作表示赞美。但是现实恰好相反，成人都很害怕孩子用他们的手去触碰那些触手可及却毫不重要的东西，他们要保卫这些东西远离孩子的双手。他们会不停地絮叨："别碰这个！"这与"不要动！不要叫！"如出一辙。成人在这种焦虑中为自己的内心建造了一道防线，他们甚至还邀请了外援，仿佛他们正在与一股影响他们安宁生活和个人财物的神秘力量抗争。

我们都知道，一定是环境中存在能够帮助孩子构建内心体系的要素，然后孩子才能够通过环境吸收营养，继而能听能说。在双手的运用上其实是同样的道理，如果孩子想要积极主动地应用自己的双手，那么就必须有对应的外界可操控的物质，也就是我们所说的环境中必须有"活动的动机"。然而在现实中，成人很容易忽略这种需求。因为成人的占有欲，孩子能触碰到的物品都属于成人，不为孩子所用。不仅如此，这些物品还是孩子们行动时的禁忌。成人往往用简单的两个字来回应孩子："别碰！"成人会因为孩子触犯禁忌而对他们进行警告或者惩罚。但是一旦孩子能成功地拿到一样物品时，他就会兴奋地将东西藏在属于自己的角落里，趁成人拿走之前努力地从这个新鲜物品中去汲取自己想要的营养。

孩子运动能力的形成并不是一种偶然。孩子通过内在的引导让自己的运动变得有组织性，从而建立自己的协调性。而依据内在对所有动作的整合，孩子可以非常协调地让自己的内心与外在互动达成一致。由此可见，孩子在主动的行为中是可以自行选择和执行自己想要的行动的，而这被选择的运动是特殊的，它既不是一时的冲动，更不是杂乱无章的。孩子的任何行动——追、赶、跑、跳或者用手拿东西，都不是单一地移动物体或者试图损害物体把家里弄得一团糟。他们这种行动的动力来源于对成人行为的模仿，他们努力模仿成人对物体的控制方式，试图通过这种模仿让自己像成人一样去行动。所以，孩子的运动模仿与自己所处的家庭环境和社会环境有着非常紧密的联系。比如，他们会想自己扫地、拖地、洗碗、洗衣服、洗澡、穿衣服和梳头发等。基于这种事实，我们也可以将孩子的这种学习本能称为"模仿"：孩子会模仿生活中看到的一切。但是这种模仿与动物（比如猴子）的模仿是有很大的区别的。孩子的模仿是建立在思维理解的基础上的，因为他们的心理生活主宰了自己的运动，并且心理早于运动而存在。在他们去做这件事之前，他已经知道了这是什么事；孩子会做他之前看别人做过的事情。与此相同的事情会出现在孩子的语言学习过程中。孩子学会的语言一定是他生活环境中存在的语言，他之所以能迅速地说出一个词语，是因为他记住了别人说的词语，并根据情景的需要来使用这些词语。这和鹦鹉学舌有着很大的区别，鹦鹉学舌是一种即时模仿，孩子学语言却是一个观察、保存和获取知识的过程，这是非常独特的，它在表现成人与孩子之间关系的同时，也让成人更加了解孩子的活动。

四、"不可思议"的行为

成人所有的活动都具有非常明确且合乎逻辑的目的，孩子也是为了自己的目的才展开活动的，只是他们的活动方式与成人完全不同，甚至是格格不入。这种令成人"无法理解"的行为往往发生在一岁半到3岁的孩子身上。

我曾经观察到一个一岁半的孩子，他发现了餐桌上有一叠非常整齐的餐巾，他用一只手小心翼翼地拿起了其中一块餐巾，另一只手盖在餐巾上面防止它散乱，接着他穿过房间走到对角线的角落，将餐巾纸放在地上，并说着："一块！"这说明，他受到了某种敏感性的引导。接着，这个孩子重复了上面的动作——沿着同样的路线不停地转移餐巾，直到所有餐巾都堆在了角落里。接下来，他又用一模一样的方法将餐巾放回桌子上，尽管餐巾不如原先那么整齐，但是依然折叠得很好。幸运的是，孩子做这一系列动作的时候，房间里只有他一个人。很多时候，孩子的这种特殊行为都会遭到成人的阻拦，成人总会突然大叫一声："你在干什么？放下手里的东西！"孩子的小手不知挨了多少次打，因为成人想让他们通过挨打来学会不要乱碰东西。

还有一个令孩子着迷的游戏，是和瓶塞相关的。他们会反复地取下瓶塞，再把它盖好。尤其是那种能折射出不同色彩的具有特别形状和花纹的玻璃瓶盖，比如香水瓶的瓶塞，更能让孩子着迷。这是孩子最喜欢的基础游戏之一，与之相提并论的，是把墨水瓶或者盒子上的盖子取下来再盖上去，以及不停地开关柜门。非常明显，这一类行为并不受成人的欢迎，常常引发成人与孩子之间的冲突。因为这些令孩子痴迷的东西都是成人认定的禁忌物，这些物品一般会出现在妈妈的化妆台、爸爸的书桌或者是客厅的家具上。事实上，孩子并不是想要香水瓶或者墨水瓶，只要能给他们提供可以锻炼同样技能的物品，他们就会得到满足了。

孩子的这种行为其实没有明确的目标，只是人类在最初工作阶段的一种摸索。我们通过对这个阶段的研究，从使用过的一些教学工具中获得了灵感，专门为孩子设计了一些教具，比如深受广大家长好评的圆柱体插件。

让孩子自由活动这个观点其实很容易让成人接受。但是我们在开始实践时却遇到了各种复杂的阻碍，这些根深蒂固的阻碍来自成人的内心。即使成人同意让孩子自由地接触和移动物品，他们的内心始终有一种不可言说的冲动，想要支配孩子并终结孩子的自由活动。

在纽约，有这样一个妈妈，她很认可让孩子自由活动的观点，并积极地想把这个观点实施在自己2岁儿子的身上。有一天，这个妈妈看到自己的儿子正在试图把一个装满水的水壶从卧室转移到客厅。妈妈注意到，儿子一路上都很紧张，担心水会洒出来，所以他每迈一步都很艰难，嘴巴里还不停地念叨着："小心！小心！"水壶对孩子来说很沉，妈妈没有忍住，还是提供了帮助，她从儿子手里接过了水壶，并把水壶放在了儿子的目的地。但是，儿子并没有因此而感到开心，相反他的眼睛里都是泪水。妈妈虽然意识到自己给孩子带来了伤害，但是并没有觉得自己的行为有什么不妥，她知道孩子之所以做出这种行为是受到了他内心的驱使，但是她不想让儿子的身体受到任何伤害，并且她认为这个事情会耗费儿子很多的时间，不如由她很快地将其完成。

当这个妈妈来找我咨询的时候，她不停地强调："我知道自己肯定做错了！"她像一个病人，在向医生咨询如何才能痊愈。"我只看到了问题的一个方面，正是这一面让我本能地想阻挠孩子去接触甚至是损害属于原本我的东西，这就是一种贪心。"

我向这个妈妈建议："如果你家里有比较昂贵的瓷器，例如一些高级的茶杯，你可以试试让孩子去拿其中的一个小茶杯，看看他会怎么做。"她参考了我的建议，并告诉了我后续发生的事情：她的儿子非常小心地端着昂贵的小杯子，一步一停，直至把所有的杯子都成功地转移到目的地。

当时，这个妈妈的内心非常复杂，她一方面为孩子的这种行动感到开心和自豪，另一方面又为杯子担惊受怕，这两种心情在她的内心交织着。在我的建议下，妈妈让儿子独自完成了这个活动，这对于孩子心理健康的发展是非常有必要的。

还有一次，我安排一个一岁半的小女孩去做一些清洁工作。我给了她一块抹布，她只用坐着就可以去擦很多光亮的东西。这块抹布成了小女孩的快乐来源。但是孩子的妈妈却对这件事持反对的意见，她认为让这么小的孩子做这件事没有任何实际意义，也违背了她所了解的卫生原则。

如果我们真的意识到孩子的本能行为的重要性，那么在第一次看到孩子真的付诸行动的时候，我们的内心都会不安，因为这意味着我们要为此付出和牺牲。我们必须压抑自己的本性，改变自己的生活环境，这与现代社会的生活原则是不和谐的。对于成人的世界而言，孩子是一个入侵者。如果我们像之前一直做的那样，将孩子排除在我们的世界之外，比如不让孩子学习说话，那么孩子就无法健康地成长。

最好的解决办法就是为孩子营造一个适宜的成长环境，让他可以自由自在地行动。当孩子能说出人生第一句话的时候，并不需要为他准备任何东西，因为这种"婴言婴语"在我们听来就是天籁。但是一旦他的小手开始活动，接触外界的物品，我们就需要有所准备了。孩子在进行活动时所需要付出的努力实际上会超越我们对他们体能的认知。在这里我需要给大家展示一张照片，这是一个英国小女孩，她捧着一个巨大的面包，这个面包大到她必须借助自己的整个身体才能抱住，她挺着自己的小肚子托着面包，以至于看不清脚下的路。照片中还有一条狗，一直追随着小女孩，似乎准备随时冲上去保护她。照片的背景是一群成人在远远地围观，他们要努力克制自己上前帮忙的冲动。

孩子在有些时候会给我们带来惊喜，即使年龄非常小的孩子，也能做出一些精确的动作，展现出超越年龄的技能。如果孩子能有自己合适的成长环境，他们也能在属于自己的世界里完成一些复杂的社会活动。有一个2岁的孩子给我留下了非常深刻的印象。在他的生日会上，他自己招待小伙伴，为他们摆放桌椅。在做这些有意义的工作时，他被自己生日蛋糕上的蜡烛吸引了，以至于一时分不清究竟是招呼朋友重要还是蜡烛重要，他开始不断地对别人说："我两岁了，有两根蜡烛！"

如果成人无法意识到孩子在活动中需要自己动手，也不能识别孩子本能的第一次发挥，那么他就会阻碍了孩子的活动。这不全是因为人类潜意识的防御心，还有其他的原因。经过分析，我们认为有一种可能是，成人已经形成了固定的行为模式，更在意行为的外在目的，会根据自己的想法来确定采取何种方法。用最短的时间最快地达到自己的目标，这已经成为成人世界的默认法则，大家都认为这样做就会实现"效益最大化"。

因此，当孩子费尽心思地做一件在成人眼里毫无价值且很困难的事情的时候，成人就想代替孩子去完成，因为他能做得更快、更好。成人很难忍住想去帮忙的冲动，他只想尽快摆脱令自己头大的场景。当孩子痴迷于一些细小且毫无意义的事情时，成人会觉得不可理喻且荒唐可笑。假设一个孩子发现家里的桌布歪了，而且他记得原本铺好的样子，他就会认真思考并按照自己记忆中的样子去铺好桌布。在这个还原事物的过程中，尽管孩子的动作会很慢，但是却包含了他全部的热情和能量。因为在这个阶段，孩子心智发展的主要任务就是记忆，能够将物品还原成自己记忆中常见的样子就是最大的胜利。但是孩子只能在成人的视野外去完成自己的工作，一旦成人发现了孩子的行动，势必会按照自己内心的逻辑以适当的理由去阻止孩子的活动。

比如，当一个孩子想自己梳头发时，成人的第一个想法并不是因为孩子的勇于尝试而感到开心，而是会觉得孩子的这个尝试违背了"效益最大化"的原则。成人觉得孩子不可能又快又好地完成梳头这个动作，达不到自己想要的结果，而如果他自己动手的话就能很好地完成这个动作。所以，当孩子兴致勃勃地想进行这个能帮助自己发展的活动的时候，他的面前会出现一个超级强大、完全无法抵抗的巨人——成人，并且成人会拿起梳子非要帮助孩子完成这个活动。同样的过程也会发生在孩子想自己尝试穿衣服或者系鞋带的时候。成人不停地打断孩子的想法和尝试，甚至因为孩子的活动而觉得烦恼，这不仅仅是因为孩子做的事情在成人眼里没有价值甚至是在浪费时间，更因为成人与孩子有着完全不同的行为模式和活动节奏。

成人的生活节奏不像旧观念那样可以被轻易地改变，也不像新观念那样容易被接受。每个人都有自己独有的行为节奏，如同人的体形一样，几乎不可能被改变，这是一种内在特质，如果遇到与之相似的节奏，就很容易保持协调，但是如果碰到完全不同的节奏时，难免会因为无法适应而觉得痛苦。这就好比如果我们陪同一个中风瘫痪的病人走路，我们会因为被拖慢了节奏而觉得难受；如果看到这个病人喝水的过程——非常缓慢地抬起手将杯子举起来，杯子刚到嘴边可杯子里面的水却快洒落出来时，我们会觉得非常不舒服。我们之所这样，是因为和病人有着完全不同的行为节奏，这种节奏差异形成了难以忍受的冲突而让我们觉得痛苦。为了让自己摆脱这种痛苦，我们就会企图用自己的节奏来主导别人的活动，对此，我们还美其名曰是在帮助别人。

成人就是用相似的方式来对待孩子的。成人在内心深处会想阻止孩子那些笨拙且进展缓慢的活动，就如同我们无法克制自己去驱除那些没有明显坏处但是令人烦躁的苍蝇一样。

当然，当孩子的行动节奏快速的时候，成人也不是那么不可接受的。在这种时刻，成人会做好接受孩子造成环境紊乱的准备，此时所有成人会选择看似有耐心地旁观，因为事情的结果已经能很清楚地预见了。对于这种有意识的行为，成人是可以有效控制的。但是一旦孩子动作很慢的时候，成人就不能接受了，就会忍不住出手帮助。成人并不会对孩子最基本的心理需求给予帮助，而是在孩子想独立完成的活动上出手，这完全是在阻碍孩子对活动的尝试，会严重干扰孩子的重要发展过程。"任性"的孩子总是拒绝成人的帮助，要自己独立完成洗澡、穿衣服、梳头等活动，他们在被帮助时都会发出绝望的喊叫，从而揭开成人与孩子之间战斗的序幕。

成人提供给孩子的帮助不仅无用，还给孩子带来了人生的第一次抑郁，成为孩子受伤害的根源。这一点谁都不会想到。

五、成人的隐喻

成人试图用自己的行动来代替孩子的行动，这不仅是将自己的行动方式强加给孩子，也把自己的意志强加给了孩子，于是孩子不再具有自己的独立意志，而是被成人的意志所取代。孩子不再愿意自我活动，而是被成人支配。

曾经有一个著名的精神病院的实验引起了轰动——夏科曾证明，通过心理暗示能替换癔症病人的个性。这个实验颠覆了当时的主流观点，即人类是自己行为的主宰。实验证实，我们可以抑制被实验人的想法，然后通过暗示将催眠师的想法强加给被实验人。虽然成功案例不多且仅限于诊所之内，但的确开辟了全新的领域，并由此引发了人们对双重个性、潜意识等心理状态的研究，最终帮助人类通过心理分析去探索潜意识。

孩子在年幼的时候非常容易被暗示，这是因为他的意识尚未完全形成，对外界事物的敏感性也还没有形成。所以成人的人格会以潜移默化的方式悄悄地影响孩子没有定型的个性，并且成人的意志也会激发并影响孩子的意志，致使孩子发生改变。

在儿童之家，当我们向孩子介绍蒙台梭利教具的时候，如果我们的态度过分热情，动作过于夸张，就会影响孩子的判断能力。换一种说法，孩子的活动与孩子本人无关，而是被另一个更强大的外来自我所掌控的。这个外来自我对孩子有着巨大的影响力，几乎能完全剥夺孩子原本的个性。成人并不愿意这样做，他们不是故意用催眠等暗示的方法来控制孩子的，他们自己也不知道自己用了这种方法，甚至没有意识到这个问题的严重性。

我再给大家举一些例子。有一天，我看到一个2岁的孩子将鞋子直接放在白色的床单上。当时，我冲动地将鞋子拿了下来，然后放到房间的角落里，并说道："鞋子脏。"跟着，我还用手拍了拍床单上放过鞋子的地方。之后，这个孩子不管在什么时候见到鞋子，都会跑过去拎起鞋子并将鞋子放到另一个地方，嘴里还说道："脏！"并且，他还跑到床边掸一下床单，好像在清洁床单，尽管那些鞋子根本没有被放到床上。

还有一个例子。一个妈妈收到了一个包裹，她开心地拆开包裹，发现里面有一条手绢，她将手绢送给了自己的小女儿。紧跟着，这个妈妈又从包裹里取出一个口琴，并且吹了起来。妈妈兴致勃勃地对孩子说："音乐！"从那以后，这个小女孩每次拿到手绢，都会很开心地说："音乐！"

如果成人的意志并不是粗暴地激起孩子的反应，那么这种外来的意志很容易对孩子的行动产生约束力。这种情况大多发生在那些温文尔雅、懂得自控的成人身上，特别是那些斯文的保姆。我曾经碰到一个非常具有代表性的事例。一个4岁左右的孩子和自己的奶奶在家，小女孩想打开喷泉的水龙头看着水喷涌而出，但是她想这样做的时候又把手缩了回来。奶奶鼓励小女孩打开水龙头，小女孩却说："保姆不许这样做。"奶奶想说服孩子自己动手，对她说奶奶允许这样做，并告诉她这是她自己的家。小女孩很开心地笑了，准备尝试一下，但是她手都快碰到水龙头了又缩了回来！可见不在场的保姆比奶奶的劝说更具有震慑力和约束力。

还有一个相似的例子有关一个7岁的男孩。当时这个男孩坐在那里，远处有一个东西吸引了他的注意力。男孩站了起来，想走近看看，但立刻又退了回来重新坐下。他似乎由于某种无法克服的意志而感到痛苦。没有人知道这个意志的主人是谁，孩子自己也无法通过记忆找到它的踪迹。

孩子之所以对暗示敏感是他们内心建设性功能的扩张，就是孩子特有的内在敏感性的扩张。我们也可以将这种扩张称为"对环境的热爱"。孩子内心渴望观察周围的环境，同时环境中的事物对孩子又具有强烈的吸引力。而在他周围的事物中，成人的行为是最有吸引力的，孩子会试图理解成人的行为并进行模仿。所以在这个层面上，成人是有责任的，他们要负责激励孩子丢弃自己幼稚的行动。成人需要成为一本"指导手册"，让孩子通过阅读就可以引导行动，从而完成正确的行动。但是如果上述想法成立，成人就需要保持行动缓慢，这样方便孩子能清晰地观察到活动的细节。如果成人只顾按照自己的节奏去做有效率的事情，是无法激励孩子发展的，他们只会将自己的意志强加在孩子的身上，通过这种暗示让孩子屈从于自己的意志。

除了有生命的物体以外，一些没有生命的物体也会对孩子产生吸引力，同时也会对孩子生成有力量的暗示，对于孩子来说，它们就像磁铁一样具有强烈的吸引力。关于这个论点，我会用勒温教授曾经做过的心理学实验的影片来对大家进行清晰的说明。勒温教授想要让我们对儿童之家的孩子进行筛选然后观察，从而区别正常的孩子和有缺陷的孩子在面对同样的物体时会有何种不同的反应，当然这些孩子都是同龄的，而且生活环境也非常相似。

在这个观察影片里，我们可以看到，教室的一条长桌上放着各式各样的物品，其中也有一些蒙台梭利教具。孩子们纷纷地涌了进来，并且很快就被桌子上的物品吸引了注意力，兴致勃勃地看着桌子上的东西，他们很高兴。每个孩子都不停地拿起一个物品观察、活动，放下去。然后选择下一个物品观察、活动，放下去。循环往复，一个工作接着一个工作。

第二个场景则是，一群孩子进入这个教室，他们慢慢悠悠地走近了桌子，跟着停下脚步观察，他们会走向其中一个物品，在那里站好一会儿。

大家能猜到哪个场景中的孩子是正常的，哪个场景中的孩子是有缺陷的吗？第一个场景中，非常快乐、生机盎然的孩子其实是有缺陷的，他们不停地穿梭在那些物品之中，尝试着一个接一个地完成活动。然而对于大部分人来说，似乎这些孩子才是正常的，因为我们习惯于把那些能做迅速完成工作达成所谓的"效益最大化"并且活泼有朝气的孩子看作聪明的孩子。

事实则刚好相反。那些安静地待着、长时间观察一个物品的孩子才是正常的。镇定、克制、有分寸感和思考才是正常孩子的标志。

勒温教授的心理实验室所展示的结果和我们平常的理解是有偏差的，因为在平时的生活中，正常孩子的行为模式和影片中有缺陷的孩子是一样的，而影片中正常孩子表现出的思考和动作缓慢是一种新表现，代表他们的活动受到了理性的引导，能够自我控制。正常的孩子可以把握环境给予他们的暗示，还能自如地处理环境中的事物。所以对于孩子来说，正常表现看重的并非活动的数量，而是孩子的自我控制能力。其实对于任何成熟的个体来说，重要的都应该是自我的支配和掌控，并非毫无意义地乱跑。行动的能力不应该由外界事物的吸引力来支配，而应该是由他的自我所指引，这种理性的能力会促使孩子将注意力集中在一个物体上，这是来自孩子内心的一种现象。

孩子身上表现出的这种谨慎和理性的行为是正常的，类似一种秩序，也可以称之为"内在纪律的秩序"。这种内在纪律经过秩序化，外化为孩子有条理的行动。如果孩子的内心缺乏这种纪律，那么他的行为就会不受控制，甚至可能会被其他人的意志所影响，一旦出现这种情况，孩子就会像大海中失去方向的小船一样，最终成为外来意志的牺牲品，因为他人的意志几乎不可能让孩子进行有秩序的行动，外来意志缺乏行动所必需的组织。可以说，外来意志会分裂孩子的个性，逐渐让孩子丧失自我选择发展的机会。就好像我们乘坐热气球飘到了沙漠里，刚着地站稳，热气球却被风吹走啦！这个时候做什么都无济于事，无法将热气球召回，而且身边也没有其他的交通工具。人类社会的发展前景就是如此，大家都会在成人与孩子的矛盾中不断发展。孩子在心智未开之前，外在的表现都是很混乱的，这在强大的外部环境的压力下暂时不会改变。

六、被压抑的运动

成人不能理解运动对于孩子成长的重要性，所以大部分时候都会因为麻烦而去简单粗暴地阻挠孩子的身体活动。

即使是科学家和老师，也依然有一部分人远没有意识到运动对于人类发展的重要性。在"动物"这个词中，"动"代表了活力，也就是运动。动物和植物的区别也就在于这个"动"字，动物可以自由地移动，植物却必须扎根土壤无法自行移动。那我们人类为什么要抑制孩子的活动呢？

我们对孩子的赞美之词，也暗含了我们对孩子的期望，比如"小花朵"，代表孩子要像花朵一样安静，不要随意移动，这表示我们在潜意识中想要控制孩子的活动。有的时候，我们也会把孩子称为"小天使"，天使是可以随意移动甚至飞翔的，但是它们在我们目前生活的环境中并不存在。

上面所描述的我们对孩子的态度指出了我们内心深处不可捉摸的盲点，比起弗洛伊德所描述的人类潜意识里的偏执型盲目，这种盲点可要严重得多。

这种心理盲点高深莫测，就算我们掌握了科学的探究方法，但是如果我们不考虑人类圣尊最庄严的宣言，我们终究无法解开心理盲点的奥妙。

大家都认同在孩子心理的发展上，感官有着重要的意义。就像大家都认同聋哑人或盲人在发展过程中遇到的困难远远超过了正常人。因为视觉和听觉可以打开人们的心智，我们将它们称为"智力器官"。而且在内在本能相同的情况下，聋哑人和盲人的智商也比不上那些感官健全的人。聋哑人和盲人在身体和基础生活上的痛苦大家有目共睹，而这种发展上的痛苦与身体上的痛苦是不一样的，即使身体健康，也不代表没有发展上的痛苦。当然，大家内心也不会觉得，一旦我们人为地剥夺了孩子的听觉和视觉，孩子还能够正常地学习知识、形成道德，大家也不会将人类文明发展和进步的希望放在聋哑人和盲人的身上。

运动对于人类智商和道德的发展起到了极其重要的作用，目前大家还没有办法全盘接受。如果一个人在发展过程中没有对运动器官的发展引起重视，那一定会影响自身的发展，而且与那些缺乏"智力器官"的人对比，缺乏运动器官的发展带来的后果更严重。

一个失去"身体自由"的人比聋哑人或盲人更痛苦，聋哑人或盲人缺少的只是对部分要素的吸收，也就是促使发展的外部手段。但是盲人和聋哑人的心智依然很强大，而且具有很强的适应力，他们在一个感官上的缺失会被另一个感官的敏锐弥补，而运动属于个性的一部分，无可取代，所以缺乏运动的人在生命之初就已经被生活所抛弃。

说到肌肉，我们会马上想到机制。但是实际上，人们将肌肉当作一个机械装置。这与我们的精神概念相去甚远，因为精神的形成与机械装置大相径庭。

运动在心理发展和智力发展上的重要性，甚至超过了所谓的"智力感官"发挥的作用，这种说法与当前的主流看法是完全不同的。

然而，我们的眼睛和耳朵就是非常精准的机械装置。眼睛被当作一台精细生动的照相机，耳朵则是一支无与伦比的乐队，拥有各种生动的乐器。

但是，当我们考虑这些器官对于智力发展的重要性时，我们不能把它们简单地看作机械装置，而是能够灵活运用器官的自我。这些神奇的器官会连接起世界和自我，并利用它们达到内心需求的满足。唯美的自然风光、美妙绝伦的艺术作品，外界提供的美妙印象以及动听的嗓音或者音乐，都给我们的内心带来了欢乐，也为心理发展提供了营养。

自我既掌握了主动权，又享有绝对的决策权，更能接受各种感官印象。但是如果自我失去了令人享受的外在印象，那些感官的机械装置将毫无用处。对于自我来说，最重要的不是所见所闻，而是通过所见所闻去不断地完善自我、享受自我。

我们可以将运动和自我做一个对比。运动需要运用各种器官，即使这些器官没有耳朵的鼓膜或者眼球晶体的精密感。我们在生活和教育上遇到的基本问题是，自我必须运动且掌控运动器官，因为运动时自我除了受到目标或功能的指引，还受到了本能的驱使。但是对于人类而言，这种智力的本质是创造精神。

如果不能获得发展的条件，那么自我就不具备整体性，如同本能并不存在于活动世界之内。

七、爱的智慧

如果遵循生命发展并按照指引和谐地完成每一样任务，我们的意识就会以爱的形式出现。

　　爱是什么？它不是冲动，而是冲动的反射，就好像月亮之所以发光都是因为反射了太阳光一样。而冲动是什么呢？它是生命的本能，具有绝对的创造性。**而正是这样的冲动，能让孩子在生命创造的过程中感受到爱的存在，因为孩子的意识中充满了爱，通过这种爱，孩子才能实现自我。**

　　前面我们提到过，孩子在敏感期内会产生不可抑制的冲动，而正是孩子对环境的热爱才让冲动与环境连接起来。这种爱并非我们常说的情感上的爱意，而是对智力的追求，经历热爱的过程才能更好地理解爱和创造爱。也正是内心的这种爱，指引孩子成为环境的观察者。但丁将这种对智力的追求与热爱称为"爱的智慧"。

　　这种热爱赠予孩子一种观察力，让他们能够充满热情并积极地研究环境中的一切，成人却对此漠不关心。同时，孩子的敏感性让他们能注意到很多成人注意不到的东西和细节。孩子之所以能看到成人视而不见的细节，正是因为热爱促使他们从环境中汲取营养，而不是漠视。孩子积极主动且理智持续的热爱引发的吸引力就是孩子的潜藏特质。

　　保持活泼快乐，维持生命的强度，这些都是成人眼里的孩子的特征。但是成人只看到了表面，没看到潜藏的爱，换种说法，就是成人并没有认同爱是一种精神力量，是一种具有创造力的道德之美。

　　孩子的爱要单纯得多。孩子之所以热爱就是为了吸收营养，这也是来自大自然的指引。孩子不断地从环境中吸收营养，不断充实生命，由此创造了自己。

成人是孩子的爱的对象。因为成人会给孩子提供需要的帮助，孩子也心怀敬爱，向成人争取自己在发展中所必需的东西。在孩子心中，成人是非常有权威的。他们的嘴巴就好像一口智慧之泉，从这样的嘴里出来的语言可以教会孩子说话，指导孩子的行动。这些语言有着强烈的刺激，能给予孩子深刻的精神印象。成人还会通过自己的行为，向孩子展示人是如何行动的。孩子则通过模仿成人来开启自己的生活。成人的话语具有暗示的作用，有时甚至让孩子沉迷。孩子这种对成人的敏感性，有可能会让自己的个性消失，而让自己的人生完全被成人支配。

前面我们举过孩子转移鞋子的例子，这充分表明了成人对孩子的暗示具有多么强大的控制力。成人对孩子说出的话，就像铭刻在大理石上的文字一样，也深刻地留在孩子的心里。而那位妈妈收到包裹之后，将手绢递给女儿，并说出"音乐"的例子，同样说明了孩子强烈的模仿性，所以成人在孩子面前说话时应该经过细心斟酌，成人是爱的储蓄者。

孩子对成人的服从精神深深地植入了他的内心。只有当成人要求孩子抛弃那些有助于他发展的本能时，孩子才会违背成人。成人为了自己的利益而要求孩子停止创造时，就好像当孩子长牙时勒令他们不许长牙一样。而孩子所谓的"发脾气"和不配合，都是因为内心的成长冲动与成人不理解的爱之间发生了激烈的冲突所致。

　　成人必须明确一点，孩子是爱我们的并且想要服从我们的，他们对成人的爱超过了对任何东西的热情。但是，成人往往只关注自己对孩子的爱与牺牲。我们耳边经常听到的都是父母之爱，甚至老师之爱，从未谈及孩子的爱。我们也因此认为，必须给孩子增加爱的教育，去爱爸爸、爱妈妈、爱老师，爱身边所有的人和一切事物。

　　那么，这种爱的教育应该由谁来教授呢？我们这些成人将孩子内心冲突的表现视为"发脾气"，对自己的财物具有强烈的占有欲，可以胜任这个工作吗？很明显并不能，因为这样的成人并不具备我们所谓"爱的智慧"的敏感性。

　　孩子对成人的爱需要成人的陪伴，并且孩子会试图引起成人的兴趣并因此感到开心，就好像在说："快看我，和我一起玩儿吧！"

　　孩子快要入睡的时候，会希望成人陪伴着自己，成人只要走开一会儿就会听到孩子的呼唤。而成人吃饭时，正在喝奶的婴儿也要待在旁边，他们不是为了吃桌上的菜，只是为了和成人在一起。成人往往会忽视这种隐秘的爱。但是，孩子对我们的这种爱会随着成长而逐渐消散，再也不会有人像他们那样爱我们，再也没人会在睡觉之前缠着我们表达对我们的需要："不要离开我，陪我待一会儿吧！"更没有人会在我们吃饭的时候坐在旁边陪伴。孩子长大以后，他们只会平静地对我们道声晚安，甚至会经常不回来吃饭。我们曾经觉得麻烦的爱最终会消散，并且再也没有任何一种爱可以与之相媲美。我们因为孩子的爱而觉得烦躁，嘴上唠唠叨叨着："没有时间！我很忙！我不能！"内心却暗暗想着："一定要把孩子教育好，不然这一辈子都会被他们奴役！"我们只想尽快地摆脱孩子，然后去完成自己想做的事情。

还有一件孩子经常会做的事情，那就是他们早上醒来之后会去叫醒身边的父母，这令父母很难接受。如果家里有保姆，那么保姆一定会阻止孩子去做这件事，保姆成了父母早上睡眠的守卫者。除了爱，没有其他东西引导孩子从睁眼那一刻就去寻找自己的父母。太阳一出来，孩子的生物钟就会叫醒他们，然后他们就会去找寻仍在睡梦中的父母。孩子去找父母并不是真的要教育父母早睡早起，而是为了在睁眼的那一刻就看到自己深爱的人。尽管父母的房间可能没有一丝光亮，孩子也会克服自己对黑暗的恐惧，磕磕绊绊地来到床前，然后用自己的小手温柔地抚摸父母。可是，孩子迎来的却是父母的斥责："跟你说过多少次了，早上别吵我们！"对此，孩子却回答："我不是要吵醒你们，我只想见到你们，想和你们待在一起！"孩子似乎在对父母说："我不是要唤醒你们的身体，而是要叫醒你们的灵魂。"

事实上，孩子的爱对我们非常重要。随着时间的流逝，成人已经越来越麻木，需要一个新的灵魂来被唤醒，进而找寻缺失的生机和能量。成人需要一个与他们生活方式完全不同的人来提醒他们："忘记之前的生活方式，开启新生活吧！"

　　说的没错，更好地生活吧！去感受孩子的爱吧！

　　如果成人失去了孩子精神上的鼓舞，就会慢慢地颓废，失去振奋的精神，最终成为一具行尸走肉。

第二部分

新教育

教育者的任务

这一章的主题是新教育，
而新教育的首要目标就是：
发现孩子和解放孩子。

一、发现孩子真实的自我

　　孩子拥有自己的内心世界，这已经是一个不争的事实。但是如果成人没有注意到孩子心理活动的外在表现，那么孩子的心理活动就很容易被成人无意破坏。

　　成人生存的环境并不能给予孩子发展需要的生机，甚至还为孩子增添了一堆障碍。这些障碍会引起孩子的抵抗和防卫，也会让孩子为适应环境付诸的努力被扭曲，甚至让孩子深陷被成人意志支配之苦中。儿童心理学一直都是从成人的角度来进行研究，而不是从孩子的特征来进行研究的，因此我们应该从根本上重新定义儿童心理学。就像我们所了解的，孩子的每一个出人意料的行为之后，都隐藏着一个未知的谜。任何积重难返的冲突，外在的表现都是孩子的"任性和淘气"，这种冲突并不能简单地解释为对不适宜的环境的防御机制，而是孩子对于更高品质环境的渴求的一种表现。这种"任性和淘气"就像是一场突如其来的大雨，它会阻挠孩子将内心的秘密真实地展现出来。

　　实际上，发脾气、任性都是一种伪装，它掩盖了孩子真正的内心，隐藏了孩子为了自我发展所做的一切努力，让他们无法对外展露真实的自我。这些伪装都只是外部特征。但是假设孩子的心理发展过程有模板可循，那么他们的个性一定被这些伪装所掩盖了。这些伪装之下，正是一个尚未被真正认识的孩子，一个必须获得自由的被隐藏的人。而教育最紧迫的任务就是让这些孩子获得自由：让孩子掌握知识，不断地开发未知的世界。

对于这个被隐藏的孩子的研究和精神分析的研究之间存在根本的差异：成人会自我压抑潜意识中的秘密。想要帮助成人了解自己的潜意识，就需要先解开他们的各种伪装所造成的混乱。孩子的秘密却简单多了，他们的世界一目了然。想要帮助孩子，只需要提供一个适宜他自我展示的环境即可。实际上，孩子自我创作是从无到有的，也就是一个从不存在到存在、从内在能力到外在行动的过程。而处于这个阶段的孩子，一定是简单的，并且他日益壮大的能量会让他的自我展示更加明显。所以，只用一个自由合适的环境，就能让孩子的精神得到自由地展示，而孩子的秘密也就会一览无余了。

如果我们在对孩子的教育中忽视了这个原则，那么所有的努力都将付诸东流，会让孩子陷入无止境的混沌之中。

这一章的主题是新教育，而新教育的首要目标就是：发现孩子和解放孩子。我们可以将其理解为，弄清楚生命是如何存在的。而在下一章，我们会讨论孩子成长的阶段以及如何帮助孩子。而这两章意味着，成长环境是十分重要的。我们必须尽力减少环境中的阻碍，让环境能促进孩子的发展。环境必须为孩子的身体活动提供必需的媒介，帮助孩子扩大自由活动的空间。而成人也是这个环境中重要的一部分。如果成人不想成为孩子发展的阻碍，就一定要进行自我调整来满足孩子的需求，不要替代孩子去完成那些在发展过程中原本应该由孩子自己来完成的活动。

二、做好精神上的准备

想成为一名合格的老师，光靠研究和文化知识是无法教育好孩子的，还必须有特定的道德观。

这其中最重要的就是老师对孩子的态度，这并不是依靠外部因素形成的。这种态度不能只是通过理论了解孩子的本性，或者刻板地理解教学理念和奖罚模式。

我们这里强调的是精神上的准备。老师必须系统化地审视自己，发现自己对孩子态度上的明显缺陷，而这些缺陷就是老师在教育孩子上的绊脚石。为了发现那些根深蒂固的盲点，老师也需要旁观者的指点和帮助，就像我们经常说的旁观者清，局外人更客观和全面，能看清事物背后的意义。

所以从这个层面上来讲，老师一定要积极主动地从精神上做好准备。如果老师永远将目光聚焦在孩子的一些缺点上，那么将无法正确且及时地帮助孩子改正不好的行为。

老师应该先从自我审视开始，找出自己的缺陷或者不好的秉性。首先，老师应该先自省，让自己耳清目明，才能帮助孩子擦亮双眼。这种精神准备应该是细化的，但是没必要像宗教徒那样苛求完美。老师不用成为一个完美无瑕的人，事实上，即使那些极度关注精神生活不断自省的人也有一些不为人知的缺点，阻拦他们去理解孩子。这也是我们需要通过专业培训和不断学习才能成为幼师的原因。

如同世界上其他的战斗一样，最终的结果就是我们个人的努力还远远不够，我们会向外界发展寻找同盟军，联合各方面的力量。大家有共同的利益，个体也从这种联盟中得到了心灵的安慰。拥有一样缺点的人会自动地在一起联盟，建立整体的防御机制，抵抗那些反对他们缺点的人，保护自己身上的"缺点"。

例如，平分财富会使富有的人感到不高兴，因为他们身上存在一种原罪，那就是贪婪和懒惰。然而，公平地分配财富对所有人来讲都是有利的，而且会促进社会的进步。但是我们会发现，有些富人也会发声，表示他们愿意为了整个社会的公共利益而服从这样的分配。这是因为人具有一种本能倾向，会促使自己展现出美好的一面，掩盖罪恶的一面，并将罪恶包装成崇高的义务，就好像战争中用挖战壕来掠夺土地或者把具有攻击性的武器描绘成保卫和平的工具。一旦外部抵制稍显屡弱，我们的内在就会有更多的时间来完成伪装，进而掩盖自己的罪恶。

我们必须反思，让自己意识到自己对于缺点和原则的依赖。通过反思，我们会逐渐发现自己是如何让恶魔钻了心灵的空子，给予它教唆我们掩盖自己罪恶的机会，这些都来源于个体的本能和潜意识。

因此，我们会毫无原则地为自己辩护，为自己的原罪辩护。我们给罪恶戴上了最好的面具——"义务""社会发展""公共利益"等。如此往复，我们最终将无法自拔。

老师，或者我们称为所有想要教育孩子的人，必须摆脱错误的状况，寻找到正确的路径。老师的首要任务就是认清最基本的错误，它并不是指某种单一的原罪，而是由傲慢与愤怒联合在一起形成的双重原罪。

在这种双重原罪里，愤怒是主导，傲慢是它美丽的伪装，它将成年的个性逐一伪装起来，让成人的外表看起来是令人愉悦，甚至令人推崇的。愤怒也成了那些无法表达自己或无法为自己辩解的人的发泄方式，比如孩子，他们无条件地爱着成人。孩子很快会忘记成人对他们的无礼，还会因为成人的指责而觉得羞愧。

老师一定要认识到这些因素对孩子生活造成的严重后果并进行反省，因为孩子无法理解这种不公平，他的精神却会因为感知到这种不公平而备感压抑进而产生畸形，紧接着他们会通过一系列孩子气的行为来表示反抗，比如怯懦、说谎、任性、发脾气、不睡觉甚至恐惧。这一系列难以理解的举动都代表着孩子处于抗争状态，在这个时期，孩子并不理解成人与孩子之间的真实关系。

但是，愤怒的发生并非只表示身体的本能冲动。这种原始的本能冲动会导致一些不可解说的外在表现。一个人的内心越成熟，就越懂得伪装自己，而其对应的内心原罪也会越复杂。

实际上，愤怒以最简单的形式表现出来的时候，只能代表孩子对外界的反抗。然后，当孩子的信息表现不清晰的时候，愤怒就会与傲慢互相联合，形成另一种确切而得体的形式——"专制"。

对孩子施压的专制者处于一个高不可攀的地位，孩子根本无法与之抗衡。成人在孩子面前享有至高无上的特权，他们永远正确，只因为他们是成人。在成人与孩子的关系里，能提出疑问的只有孩子，但是他们只能保持沉默。他们让自己去适应环境、相信环境、原谅环境。当孩子受到惩罚的时候，他也不会记仇，甚至是主动地寻求成人的谅解，即使他根本不知道自己究竟有什么过错。

孩子偶尔也会进行反抗，只是这种反抗大部分时候都并非直接有意识的反抗。这种迫不得已的反抗要么是内心极度压抑之下潜意识的反应，要么就是为了保护心理的必要反抗。

随着孩子的成长，他们对专制的反抗会越来越直接，而成人也会为自己的专制准备更多的伪装，以保证自己的专权地位，包括让孩子成功地相信一切都是为了他好。

孩子尊重成人，如同弱者对强者的臣服。在成人眼中，冒犯孩子是没有代价的。他们可以随意点评孩子，公开评判孩子的对错，当众使孩子的感情受到伤害。

我们无视孩子的需求并随意压制，一旦孩子反抗，就被我们视为不可纵容的危险状态。这不就是君主专制吗？臣民必须绝对服从，不得提出异议；臣民还要坚信他们所享受的一切都是君主的恩赐。孩子也是这么认为的，成人给予了他们一切，确切地说，成人对这一点深信不疑。他们下意识地将自己推到了造物主的位置上，以为自己为孩子创造了一切，让孩子拥有了智力和品德，为孩子提供了一切。成人因为自己的付出而觉得自己很伟大，就像那些专制的君主一样，他们只会使自己的权力更加稳固，从来不会反思自己是否牺牲了臣民的利益。

蒙台梭利教育法对老师的精神准备设定了如下定义：审视自我，去除自我的专制之心；拆卸掉潜意识中愤怒和傲慢构成的坚硬外壳。只有这样，老师才能由傲慢转为谦和，这是第一要素，之后才是仁爱之心。这都是老师的必备要素。最关键的是内心如果不平衡是无法成为一名合格的老师的。这才是我们培训的终极目标。

当然，我们并不是要求老师赞赏孩子的一切行为，或者不对孩子进行点评，又或者忽视孩子的智力和情感的发展。相反，我们要求老师牢记自己的目标：用心教育，成为孩子真正的老师。

就像我们说的，成为合格老师的首要任务是谦和，去除内心深处的偏见。

当然，这种教育的改革并不表示我们不能以教学的方式帮助孩子，我们需要从老师内心开始改革，不应该再以成人的角度去了解孩子。

蒙台梭利的
教育方法

　　蒙台梭利教育法的另一
大原则就是尊重孩子的自我
个性。对于智力差的孩子，
教具可以激发他们的兴趣。

一、蒙台梭利教育法的起源

蒙台梭利教育法的一个重要特征就是重视孩子发展的外部环境，另一个特征就是极为注重老师的作用。我们学校的老师也一直是外界关注的重点，因为蒙台梭利教育的老师被称为"消极的老师"。在课堂上，老师会放下自己的活动和成人的权威，避免它们阻挠孩子的活动，这样孩子才会积极主动地进行自己的活动。如果孩子通过主动的活动获得了进步，同时又不向老师索求赞赏，老师会发自内心地感到愉悦。**蒙台梭利教育法的另一大原则就是尊重孩子的自我个性**。对比其他教育法，蒙台梭利教育法极其尊重孩子的个性，任何一种教育法都不能与之匹敌。

上述三条原则：提供合适的环境、让孩子积极主动地活动和尊重孩子的自我个性，在我们最开始建立儿童之家时就贯彻执行，并一直坚持至今。儿童之家，顾名思义，就是属于孩子的家，因为我们希望孩子在蒙台梭利学校能有家的归属感。

蒙台梭利教育法在这场教育新运动中受到了极大的关注和广泛的讨论，因为它首次颠覆了成人和孩子的角色，成人不再进行传统的直接教育，孩子可以在学校里自主学习、自由活动，他们成了自我活动的重点。这种颠覆让世人将蒙台梭利教育法看作一个夸张的教育法，甚至是乌托邦。我们不畏惧外界的看法，尽全力推出自己的观点——所有的环境都必须适应孩子的身体，目前这种观点已经被大众所认可。窗明几净，所有家具的设置都考虑了孩子的身高和心灵：小桌子、小板凳、鲜艳的窗帘以及孩子触手可及的置物柜。这一切看上去都符合孩子的实际需求，有助于孩子的发展。我坚信会有越来越多的儿童之家保持这种统一的设置，并把它作为对环境的统一标准。

今时今日，在历经长期的实验和研究之后，我们深感应该重新了解蒙台梭利教育法，尤其是它的起源。

有一种说法是：察觉到孩子拥有神秘的本能，促使我们去创造一种新的教育法和特殊的学校。这种说法其实很矛盾，因为我们根本不可能对未知的东西进行观察和研究。如果我们潜意识中认为孩子拥有两种不同的本性，并且试图用实验来证明这一说法，这也是说不通的。任何新鲜事物都会展现属于自己的特征，而最初面对新生物和其特征的人内心充斥着怀疑，大家都拒绝新鲜事物。所以，新鲜事物一定会不断展示自己的特征，直到它最终被大家认识和完全接受。于是，那个最初观察到新事物的人会由最初的拒绝态度改为受欢迎和珍视，甚至不惜牺牲自己。这种热情会让其他人误以为新事物是由他创造的。实际上，他也知之甚少，但是他的表现堪称疯狂。我们要做的就是敞开心扉去发现新事物并努力认可它，不要轻易关上理解的大门。我们的内心就像一间特殊画室，不对陌生人开放，除非有熟人引荐，因为我们习惯于通过已知去认知未知。所以，新事物要通过自己的特征打开闭塞的理解之窗或者趁我们门窗半掩无法觉察之时偷偷地进入。在被接受之后，新事物会在社会上引起轰动，从而引发改革。很多时候，生活的细节会为我们开辟一个全新的领域，因为我们生而为人就是要探索未知；如果没有注意到这些细节，那么人类的世界将不会有任何进步。

在物理学和医学领域，新发现是非常难以界定的，对此具有十分严格的标准。我们突然发现了一个从未注意到的事实，这个新出现的事实此前并未被人们质疑，因为我们根本没有认识到它的存在。但是客观存在的事实并不会因为人们的感觉而改变。如果我们想验证这个新事实的存在，就必须先证明事实本身的存在，将事实与环境剥离开来。而第二步是研究事实展现的时候所处的环境，记录环境才会让事实重现甚至永存。解决了事实的存在问题以后，我们才能对现象进行研究。新的途径带来新的事物，进而才会有新的发现。就像我们刚才提到的，我们无法研究客观上不存在的事物。我们所谓的研究如同一个招待所，任何一种研究的形式都会让一种现象重现、保持并最终被掌控，如此才能保持持续性，最终成为一个现实，并被人们掌控，这样才具有真正的价值。

现在，第一所儿童之家已经远远不只是一个进行实验或者研究的基地。但是正是在这个地方，我们进行了最初的"发现"，而在这些"发现"成为已知之前，它们会重复地展示自己，从而让我们开辟出全新的教育领域。

我在一堆旧文件中翻到了很久以前的笔记，也许能对这个发现进行说明。

二、你是谁

"第一所儿童之家成立于1906年1月6日，我们对外招收3~6岁的正常孩子。儿童之家刚成立的时候，系统的蒙台梭利教育法并没有形成。但是很快，蒙台梭利教育法就在儿童之家得以实施。第一天，儿童之家来了50多个衣衫不整的穷苦孩子，他们眼神怯懦却行为粗俗，其中很多孩子还在哭闹。这些孩子的父母大多不识字，他们委托我帮助他们照顾孩子。

"我们原本的计划是集聚公寓中那些工人的孩子，他们平时没人照顾，总是在楼梯上玩闹，到处乱涂乱画。为此，大家在公寓中找出一间空房间，用来安置这些孩子，而我则受邀来做这个'有前景'的教学机构的负责人。

"我当时有一种神奇的预感，这种预感促使我在学校创立之初对大家发表了自信的宣言：总有一天，这项'崇高'的事业一定会得到全世界的认可！

"我满怀热情地开始了自己的工作，就像一个拥有好苗子的农妇终于发现一片无人耕种的沃土。但出乎我意料之外的是，土壤下潜藏的是金子，而非谷物。这些泥土中尽是珍宝。

"实际上，这样一份看似普通的教育孩子的工作给了我很多惊喜，我觉得这个故事应该让更多的人知道。

"根据经验，我们完全可以相信，那些针对有缺陷孩子的教学方法，为健康孩子的教育提供了另一种思路。我们之所以能够有效地治愈智力缺陷或者思维不正常的孩子，是因为我们采用了一些基于心理卫生学的教育方法，这些方法也能帮助健康孩子更好地发展。这一切并非奇迹，所有的教学理论都具有实践性和科学性，并且最终得到了大家的认可，包括那些精通权术的谨慎之人。即便这样，这些教学方法在最初并没有取得期望中的效果，这令我倍感震惊，甚至有些难以置信。

"我们目前使用的蒙台梭利教具，在运用于正常孩子和心智有缺陷的孩子时，是会产生不同的效果的。**对于智力差的孩子，教具可以激发他们的兴趣**。当时，我花费心力去引导孩子使用我们的教具，事后证明，这些教具对孩子的心理发展确实起到了一些积极的作用，还让他们学会了一些东西。但是正常的孩子却不一样，他们会被教具吸引，把全部的注意力都聚焦在这些教具上，甚至会废寝忘食地连续工作。一旦工作完成了，孩子会显得非常地高兴和满足。这种高兴和满足是可以从孩子轻松的表情和满意的眼神中看出来的。这些工作还会让孩子的身体越来越强壮，心理也越来越健康，这是一种心灵的激励。

"让我相信这个事实是需要很长时间的。每一次新体验都在向我证明，这就是事实。我一次次地告诉自己：'这还不足以让我信服，下一次我将相信。'所以在相当长的一段时间内，我一直在说服自己相信，同时内心又困惑不安。多少次当老师告诉我，孩子在进行自我活动时，我没有责备老师，只是严肃地说：我只相信事实。那些老师没有因为我的回答而感到生气，只是含泪回答：你说得对。每次看到类似的事情，我都相信一定有天使在人间。"

三、儿童之家

儿童之家的开办，让我来到了孩子的面前。他们眼含泪水，表情惊恐，并且不爱表达，以至于我无法与他们沟通；他们的眼神中充满了未知和茫然，似乎生命是一片空白。他们出生于贫穷之家，未曾被悉心照料，成长于阴暗、破旧的小村庄，缺乏心灵关注和鼓励；他们营养不良，长期缺乏食物、新鲜空气和阳光，这根本不用医生来确诊。他们如同还未开放却已经枯萎的花苞，他们的灵魂从未挣脱出来见过外面的世界。

是什么改变了孩子，让他们宛若新生，灵魂得以自由？正是儿童之家的特殊环境。那么，这些环境有什么特别之处呢？这一点值得我们深究。

首先，这个环境一定能帮助孩子获得心灵上的自由，同时，环境中对孩子造成压抑的障碍物一定要提前去除。但是我们对障碍物的判断标准是什么呢？什么环境对于孩子的成长是有益的？哪些因素是必需的呢？让孩子的心灵宛若新生的环境究竟是什么？这些环境未必和我们内心认为的高标准要求的环境相同。

　　我们先从孩子的生长环境开始分析。孩子的爸爸妈妈生活在社会的最底层，他们的爸爸没有一份正常的工作，只能到处找一些临时性的工作来做，为了生计四处奔波，使得他们无暇顾及孩子，并且他们大部分都没有什么文化。

　　很显然，照看这些孩子并不是一份有前途的工作，所以根本没有正规的老师愿意来做这份工作。一开始，他们请了门卫的女儿来充当管理员，之后又聘请了一名有点儿文化的女孩，她学过一点儿教育学；与此同时，她还在工厂上班，不过后来从工厂离职了。因此，她既没有准备好成为一名合格的老师，也没有任何真正的老师都自带的偏见。儿童之家之所以特殊，是因为它并非一所真正的慈善学校，而是由建筑协会出资创办的私立学校，学校的所有费用都会列入房屋维修的开支之中。协会之所以要将孩子进行统一管理，最主要的还是为了维持公寓内墙壁的清洁，从而减少维修房屋产生的费用。所以，儿童之家并非完全的社会福利事业，从来没有想过为孩子提供免费的午餐和医疗，或者成为一所具有崇高的教育目的的学校。我们收到的资金只能维持一些基本办公需求：购置基础家具和辅助设施。在学校建立之初，我们自制了很多家具，而没有从市场上购买家具，这是因为我们的经费十分有限。

一开始的儿童之家并非真正意义上的学校，更像一份刚刚起步的事业。

由于经费有限，我们没有购置学校专用的桌子和基础设备，也没有购置常见的办公家具和家庭常用家具。我们搜罗了一些简易的科学设备，这都是我之前在特殊儿童教育机构上班时用过的，主要是面对有缺陷的孩子。上述所有的家具和设备都不是学校专用的。

刚开始的儿童之家远不如我们今天看到的这般透亮美丽。我印象中最深刻的家具是一张牢固的大桌子，是给老师用的；还有一个体积很大的橱柜，里面装着我们所有的教具。橱柜上有一个锁，只有老师才有钥匙打开。孩子用的桌子每边可以容纳三个孩子并排而坐，非常结实，我们将桌子像普通学校的桌子一样挨个排列，唯一的不同之处是我们没有用凳子，而是给每个孩子准备了一把带有扶手的小椅子。我们还在院子里种了一些植物，但是除了树木和一小片草坪，没有鲜花，后来这也成了学校的又一特别之处。我未曾想通过这样的环境去围绕孩子进行一些重要的实验，只是尝试采用系统的感官训练法对孩子进行训练，从中观察正常孩子和有缺陷的孩子所表现出来的差异。其中最令我感兴趣的是，年龄小的健康孩子以及年长一点儿的有缺陷的孩子在反应上的不同点和共同点。当然，我并没有花费过多的精力在这个研究上。对于后来的女老师，我也没有额外的要求，没有限制她，只是教会她使用我们蒙台梭利学校的一些感官教具，方便她平时告诉孩子如何正确地使用教具。这个工作对她而言简单有趣，在过程中还能发挥更多的创造力，我并不会干涉她。

随着工作时间越来越久，这个老师还自创了一些小东西，用来激励学生，比如用镀金纸包裹的十字架，表现最好的孩子可以获得一个。这个装饰品有趣且对孩子无害，我经常能看到有孩子在胸前佩戴十字架。她还创造性的教孩子行军礼，尽管这些孩子都很小，最大的也只有5岁，其中大多数还是女孩。但是，这位老师对于这些创新感到很满意，尽管我个人觉得这种琐碎的事情有点儿无趣。

我们就在这样安静的环境中孤独地度过了一天又一天，在相当长的岁月里，没有人关注我们在做什么。

四、寻找心灵的翅膀

我试图对这段孤独的岁月做一个总结，尽管每一件事情都很琐碎。这些事情大部分都发生在孩子身上，我们每次谈论起来都是以"那时候……"开始，轻松而不严肃。我从事的这份工作就是如此，简单平凡，没有人会以科学的眼光来看待它。但是，我认为我的总结可以作为儿童心理学的辅助观察资料，或者换一种说法，可以作为一项新发现。

（一）重复练习

我观察到这样一种现象：一个3岁左右的小女孩重复地做一个动作：将一些圆柱体插入底板上的圆孔里，然后又将圆柱体从孔里拔出来。这些圆柱体的大小并不统一，但和底板上的圆孔是一一对应的，就像红酒瓶和酒瓶上的软木塞一样，都是配套的。小女孩兴趣盎然地反复做同一个动作，这令我很惊讶。我不由自主地开始为她计数，看看她一共重复了多少次。同时，我还想了解一下她对于这件事情的专注程度。因此，我让老师安排其他孩子在房间里四处走动并发出各种声音，但是那个小女生并没有受到外界的影响，她的动作完全没有停顿。后来，我又将她连人带椅地移动到另外一个小桌子上，她仍然没有受到影响，抓着那些圆柱体在自己的膝盖上继续练习。我重新数了数，她这一次重复了42次之后才停下来。做完了这些，小女孩很快乐地笑了起来，就好像刚刚做了一个美梦，她的眼睛炯炯有神，环顾着四周。

小女孩的一系列行为并没有受到外界声音和动作的影响，她非常专心地完成了自己的工作。但是这究竟是一项什么工作？这个工作对她有什么意义？

这个小女孩处于注意力容易分散的年龄段，她的注意力很容易从一个事物跳到另一个事物上，但是当时她却能如此专注地完成一件事，完全忽视外界的一切干扰。这也是我们第一次洞察到孩子尚未被探索的内心深处。小女孩如此专注于自己的活动，而正是平时的教具训练了她的这种有节奏的手的运动能力。

　　这种情况越来越多地出现在不一样的情境中。每一次当孩子经历了这个过程之后，他们就好像享受了一个完美假期一样生机勃勃，我们可以从他们的脸上观察到那种工作完成之后的满足和快乐。

　　尽管孩子的这种无视外界干扰而专注于自我工作的状态并不多见，但是有一个现象是所有孩子的身上都会出现的：重复练习。孩子无论做什么，都会出现这种在成人看来非常奇怪的行为，这是他们特有的行为特征。

　　我注意到，孩子工作时会弄脏自己的小手，我认为自己有义务教会他们一些良好的生活习惯，比如清洁自己的双手。但是我又注意到，当我教会孩子洗手之后，他们就会不断地重复洗手的动作。比如，即使他们在完成工作之后已经洗了手，但是离校之前会再一次洗手。有一些妈妈还告诉给我，孩子早上一起来就会跑到洗手池旁边洗手。孩子还会非常骄傲地伸出自己干干净净的双手，而成人会因为这个动作出现得太频繁而误以为孩子是在讨要什么东西。

　　孩子这种不断重复的行为特征，实际上是没有任何外在的目的，不需要成人给予任何物品。他们这种不断重复的行为是出于一种内在的需要，这种内在需要不仅仅出现在洗手的情景中，还会出现在其他的情景中。所以，当我们教孩子一项新练习的时候，细节教得越详细，就越能刺激孩子去不断地重复这一个动作。

（二）秩序感

我对于这个细节的发现也是源于一件很简单的小事。孩子在活动中使用的教具都是由老师分发的，在活动结束后，再由老师对教具进行整理归位。这个老师告诉我，每次她将教具整理归位的时候，孩子们都会围上来，她试图让孩子坐好，但是孩子们依然会再次围观。这种情况几乎每次课后都会发生，为此她很困扰，觉得孩子不听指挥。而我在观察之后得出了一个不同的结论，实际上孩子们是想自己去做这件事情——将教具归位。于是我允许孩子们自己完成这个动作，而让教具归位这件事开启了孩子们的新生活。在他们眼中，将东西摆放整齐，让环境变得井井有条，是一件非常有吸引力的事情。比如，如果一个孩子打碎了自己的玻璃杯，那么其他的孩子会非常乐意地跑过来帮忙，将环境恢复原样。

有一回，这个老师不小心打翻了教具盒，盒子里面80块不同颜色的彩色方块都掉在了地上。老师当时有点儿慌张，因为要将这些方块排列成原来的样子对于她而言并不容易。但是令人惊讶的事情发生了，孩子们一拥而上，非常迅速地将这些方块按颜色深浅的正确顺序进行归位。由此可见，与我们相比，孩子对颜色要敏感得多。

（三）自由选择

还有一次，这个老师迟到了一会儿，她进教室的时候发现，由于前一天忘记锁上橱柜，孩子们已经打开了柜子门，围在那里看着橱柜，甚至有一部分孩子正在从橱柜里拿出教具。这个老师当时觉得这件事情很严重，她认为不问自取是一种偷窃行为，孩子们的这种行为是对学校和老师的极端不尊重，一定要从严处理，好让他们明白对错。

我与这个老师的意见相左。我觉得这件事说明孩子已经对我们的教具有了基本认知，并且可以自己根据个人爱好挑选教具。事实也确实如此。这种行为使得孩子开始了一种新的、有兴趣的活动。为了让他们自己进行选择，我们还设计了一种适合他们身高的矮橱柜，并将教具放在里面，让孩子可以根据自己内心的想法自由地选择教具。

由此，在"重复练习"之后，我们又添加了"自由选择"的教学原则。

（四）玩具

我们的儿童之家为孩子准备了一些有意思的玩具，但是我发现，这些孩子从来不玩这些玩具。这件事情让我很惊讶，为此我决定对孩子进行一些引导。我拿出洋娃娃过家家的玩具，向孩子演示怎么玩这些玩具：先放好小碟子，然后在小厨房里点火表示做饭，最后在旁边再放一个娃娃。但是，孩子们只对我的演示表现出片刻的兴趣，很快就各自走开了。他们后来也没有主动地玩这些玩具。

通过这件事情，我有了新的发现。在孩子的小世界里，玩玩具也许只是一种低层次的追求，他们只是在没有更好的事情需要做的时候才会去玩玩具。孩子的心里有其他更高层次的追求，并且这种高层次的追求拥有绝对的优先权，永远排在低层次的游戏消遣前面。这种事情在成人世界是很常见的，对于我们来说，打牌或者下棋只是一种消遣活动，如果我们被迫一直打牌或者下棋，甚至要以此为主业过完一生，那么只会觉得煎熬。一旦出现另一项更重要、更崇高的活动时，我们就会立刻忘记打牌或下棋。孩子也是如此，一旦他们有更重要的事情，就会立刻抛下手里的玩具。因为每一个孩子会不断地从一个低级的阶段发展到一个高级的阶段，所以他们的时间是非常宝贵的。孩子在我们的眼皮底下飞速地成长，他沉迷于每一件对他成长有帮助的活动，而忽略那些娱乐活动。

从孩子的自由选择中，我们可以看到孩子内心的需要和喜好。我们还有一个有趣的发现：孩子不会选择我们提供的所有教具，而只是挑选其中的一部分。他们大部分都会选择相同的基础教具，然后根据个人喜好挑选一些其他教具。有一部分教具因为无人挑选甚至都布满了灰尘。

我试图向孩子们展示所有的教具，而那位老师也不约而同地这样做了，但是依然有部分教具不会被孩子主动地选择。于是，我开始意识到，对孩子而言，每一件教具不仅应该被摆放得井井有条，而且应该能够满足他们的内心需要。只有消除了混乱和多余的教具，才能更好地激发孩子的兴趣，让他们更专心地完成自己的活动。

（五）奖励和惩罚

有一天我去学校，看到一个孩子独自坐在教室中间的小椅子上，他看上去无所事事，没有像其他孩子一样进行活动。但是我发现这个孩子的胸前有一个奖励给表现最好的孩子的十字架奖章。

老师告诉我，这个孩子正在接受惩罚。奖章属于另外一个孩子，是他刚刚将奖章送给了这个正在接受惩罚的孩子。可是，这个被惩罚的孩子只是满不在乎地看了一眼奖章，接着继续观察四周。由此可见，对于受表扬的孩子而言，这枚荣誉奖章不仅毫无用处，还影响了他的活动；而这个受惩罚的孩子也没有觉得自己被惩罚了。这充分地说明，这一次的奖励和惩罚都是无效的。但是仅凭这一件事还不能武断地得出这个结论。后来，我们进行了多次实验和观察，从而得出了结论：如果这些孩子根本不在意会受到什么处理，那么老师就无须设置奖励和惩罚了。于是我们取消了奖惩制度。

上面的实验中，让我们最震惊的是孩子常常拒绝奖励。就像上面那个被奖励的孩子，他放弃了自己的奖品，将它随意地给了一个受惩罚的孩子，而且他这样做并没有什么特别的原因。我们之前也经常发现，那些被奖励的孩子对于自己获得的奖章并没有什么特殊反应，这标志着一种意识的觉醒，说明孩子的自尊心才刚刚萌芽，尽管很微弱。但是在此之前，孩子的意识中并不存在自尊心。

（六）静默练习

这个练习来源于一次意外的发现。有一次，我抱着一个4个月大的孩子走进教室，当时孩子的妈妈并没有跟着进来，只是远远地站在院子里。这个婴儿全身都被紧紧地包裹在襁褓中，她的双颊饱满红润，一直没有吵闹，安静得让我震惊。于是我将这个感受分享给了教室里的孩子们："你们听，她没有发出一点儿声音。"跟着我又开玩笑地指着婴儿的脚说："看，她连双脚都很安静……你们都没有她这么安静。"

令我惊讶的事情发生了，教室里的孩子们非常紧张地看着我，他们没有说话，还都并紧了自己的脚。他们非常专注地看着我，似乎想理解我说的话的意思。于是，我继续说："她连呼吸都这么轻柔，我们都没有办法像她一样，呼吸的时候不发出任何声音。"这群孩子惊讶得一动不动，甚至屏住了呼吸。在那一刻，教室里的一切似乎都静止了，只有挂钟的滴答声提醒着我们时间在流逝。这个襁褓中的婴儿为我们带来了一种从未有过的安宁感，大家都不约而同地保持着安静。大家渴望安静，安静就来了。每个孩子都积极热情地加入了这种练习，这种热情并非一种冲动，而是潜藏在我们内心的渴望，与生俱来。孩子不止安静地坐着，还屏住呼吸，表情专注而放松。在这片宁静之中，我们慢慢地听到了平时完全听不到的微弱的声音，例如鸟叫虫鸣以及水滴声。这个意外事件让我们开启了静默练习。

后来有一次，我想通过静默练习来测试孩子们的听觉。我站在离孩子不太远的地方，轻轻地叫他们的名字，就和我们平时测听力的方法一样。被叫到的孩子需要走到我的面前，在这个过程中不能发出任何响声。当天有40个孩子参与了这个练习。考虑到孩子的耐心有限，在这种活动中很难长时间坚持下来，于是我给每个孩子准备了一些糖果作为礼物，用来奖励那些达到要求的孩子。但是，孩子拒绝拿这些糖果，这种拒绝表达出来的意思好像是："不要影响我们的练习，我们非常开心能参加这么有意思的活动。"因此，我意识到孩子的敏感不仅仅针对安静的环境，也针对我们呼叫他们的声音，尽管这种呼叫声小到可以忽略不计。孩子们努力地踮着脚尖，缓慢地朝我走来，非常小心地避免发出任何声音。

我后来又了解到，任何一项纠错练习都能帮助孩子完善自己的能力，例如上面我们发现的静默练习，能制止孩子发出吵闹声。如果我们坚持静默练习，就能培训孩子的完美行为，而这种行为培训的效果远远优于语言教学的效果。孩子成功地学会了在行走中躲避障碍物，学会了在奔跑中保持安静，这一切都让他们更加灵活机智。孩子为自己的进步而欢欣鼓舞，进而不断地发掘自我的潜力。

（七）拒绝糖果

关于孩子拒绝糖果的深层次原因，我们花了很久才弄明白。糖果属于非正规食品，不管是作为奖品或者其他用途，都并非我们生存的必需品。但是几乎所有孩子都是喜欢吃糖果的，所以他们能主动拒绝糖果的诱惑这件事情就显得非常离奇，于是我决定深入了解。

我将糖果分发给孩子们，但大部分孩子拒绝接受，有些孩子即使接受了也没有立刻食用，而是将糖果放在口袋里。我考虑到他们是否因为家庭贫困而想将平时不常吃到的糖果带回家分享，于是叮嘱这些孩子："这些糖果你们可以现在吃，我还准备了一些留给你们带回家。"但是依然没有孩子立刻吃糖果，而是再次将糖果放在衣服的口袋里。

直到有一次，我们的老师去探望一个卧床休养的孩子，才弄明白了这件事情的原委。孩子的心里一直将糖果当作一种礼物，他们很珍惜这个礼物。那个生病的孩子为了感谢老师的探望，打开了自己的小盒子，从中取出学校发的糖果递给这位老师。这些糖果对孩子来说有着非常大的诱惑，而他将糖果放在盒子里几个星期，一直忍着没有吃。这种感觉就像是修道士放下世俗的牵绊，进入了更高层次的精神境界。从目前来看，这种情况普遍存在于孩子中间，以至于很多来学校参观的人都想证实这个现象，他们也在自己的著作中描述了这一现象。这是孩子完全发自内心的表现。当然，没有人想教孩子当苦行僧和放弃糖果，也没有人会告诉孩子："你们不能玩，也不能吃糖果。"当孩子的心理活动得到升华之后，他们会自发地拒绝以糖果为代表的外在诱惑。

有一件名人轶事在全世界广为流传。这位名人将饼干做成几何形状，然后分发给孩子们，可是孩子们没有直接吃掉饼干，而是一直在研究这些饼干："看，这是长方形的！这是圆形的！"还有一个类似的故事，讲的是一个来自贫困家庭的孩子看着自己的妈妈在做饭，妈妈拿出了一块黄油，孩子说道："它是长方形的。"妈妈削去了一个角，孩子接着说道："拿走了一个角，剩下的是一个不规则的四边形。"孩子的这种反应显然与我们预料的常规反应是不一样的。因为在一般情况下，孩子只会说："妈妈，我想要面包和黄油！"

（八）尊严感

有一天，我想为孩子们带去一堂幽默的课程：如何擦鼻涕。我向他们示范了各种用手帕擦鼻涕的方法，并且最后强调，擦鼻涕时要尽量低调，不要被别人注意到。我用一个非常不引人注目的动作拿出手帕，轻轻地擦去了鼻涕。孩子们专注地盯着我，聆听我的引导，没有人发出声音。然后，令人惊奇的事情发生了。当我结束示范的时候，教室里响起了热烈的掌声，仿佛刚刚我为大家带来了精彩的表演并进行了谢幕。

当时我十分震惊，想了解为什么孩子会如此热烈地鼓掌。我从来没有见过这么小的孩子会用自己的小手拍出这么响的声音。随后我想明白了，也许是我的行为刺激了孩子过往极其有限的经历中的某一个敏感点。我们这堂课的本意是让孩子们学会擦鼻涕，因为孩子很容易患上感冒，总是流鼻涕，一旦成人不在身边，他们就很容易因为不会擦鼻涕而使自己陷入尴尬的状况或者是受到成人的责骂。尤其是在学校里，为了防止手帕丢失，成人总是将手帕别在孩子们的衣服上，非常显眼。这样就进一步地伤害了孩子。之前从来没有人能够在不伤害孩子的基础上去教他们擦鼻涕。我们应该懂得换位思考，站在孩子的角度去考虑问题，或者更直接一点儿说，我们应该懂得孩子对一切嘲笑都很敏感，因为这些嘲笑会让他们觉得丢脸。

对于这件事，我的理解是，教孩子擦鼻涕会让他们觉得自己被公平对待了，而且抵偿了曾经受到的羞辱，还会让他们重新回归社会生活。在我随后的教学时光中，我慢慢地发现，孩子有着强烈的自尊心，而成人并没有意识到孩子的心理是很容易受到伤害和遭到压抑的。

故事还没有结束。那天当我准备下课离开的时候，孩子们对我表示了感谢："谢谢您为我们带来了这堂课，谢谢您！"他们甚至跟在我的后面，将我送到学校外面的街边，沿着人行道排成一支队伍，直到我对他们说："你们快回学校吧，走路小心，注意别撞到墙角。"听完我的话他们飞快地回到了学校。事实证明，我的这堂课触碰到了这些来自贫困家庭的孩子的个人尊严。

还有一次，我们预先接到通知，第二天要接待一位非常重要的参观者，他想和孩子们待上一天以便近距离地观察他们。我对老师说："随遇而安。"然后，我告诉孩子们说："明天会有一位客人来看你们。我希望他离开的时候，能够说：'你们真棒，你们简直是世界上最好的孩子！'"

　　后来，我问一个老师这位客人参观的结果如何。老师告诉我，当天大获成功。孩子们贴心地为客人准备了椅子，礼貌地邀请客人入座。见面的时候，孩子们会对客人问早安；当客人离开的时候，孩子们都把身子探出窗外道谢："感谢您来看望我们，下次见！"

　　我责备老师："为什么要教孩子们做这些事呢？我不是说了一切顺其自然吗？"老师说："我什么都没有说过啊，所有的事情都是孩子们自发完成的。当时，我也觉得难以置信，我想一定是有天使在鼓励他们……"老师继续告诉我，孩子们比平时更勤奋地工作，他们每个人都安静地各司其职，令来参观的客人赞叹不已。

　　有很长一段时间，我都不敢相信这个老师的话，我很难相信孩子们没有经过事前准备或者排练就会做到如此程度。但是后来我认识到，其实孩子们也有自己的自尊心，有自己的兴趣爱好，当他们知道来的客人很重要以后，就会知道自己应该如何组织活动、如何充满热情地接待客人。他们尊重自己的客人，也为自己的出色表现而感到自豪。虽然我对他们说过希望能得到客人的夸奖，但是我不觉得是因为我的这句话，他们才表现得如此优秀。当我对他们说"会有一位客人来看你们"，就等于宣告客人已经到了会客室，这些具有自尊心和富于自信的孩子就会非常有礼貌地接待来访者。

自此我明白了，在孩子身上发生的现象是既简单又神秘的。他们没有过去的羞怯，他们的内心与环境之间没有任何阻隔，他们可以自由地发展，就像莲花享受阳光一般地伸展出白色的花瓣，散发出迷人的芬芳。更重要的是，在孩子发展的道路上已经没有了障碍，他们不懂得隐瞒，也不会回避，更不会畏惧。孩子之所以沉着，都是因为他们可以快速且完美地适应生活环境。他们是那么活泼机智，同时又从容自若，不时地迸发出精神的光芒，让与之接触的成人也能内心为之一振。

孩子用一颗包容的心迎接一切。于是，很多人越来越喜欢和孩子们待在一起，包括一些重要人士，他们成了积极生活的代表人物。咱们普通人也毫不掩饰与孩子们相处时的开心，比如女士们来拜访我们的孩子之前会认真地打扮，仿佛要去拜访一位社会地位很高的名人，因为孩子们的赞美是出自真心的，让这些女士们非常愉悦。孩子们会抚摸她们华丽的衣裳，拉着她们温暖的手心。有一次，一个小男孩走到一位刚刚失去伴侣的女士身边，用自己的小手握住她的手，同时将自己的脑袋靠着这位女士，仿佛在安慰她。这位女士后来很感动地表示，从来没有人能像这个小男孩一样带给她如此强烈的慰藉。

（九）自发性原则

尽管孩子的行动是自由的，但是他们给人的整体感觉并不混乱，还是非常有秩序的。他们可以保持安静，每个人都专注于自己的活动。他们在换教具的时候也不会发出声音，总是安静地来来回回。

有时候，孩子还会走出教室，在庭园中停留一会儿，然后再回来。对于老师布置的任务，他们也总能很快地完成。老师是这样说的："孩子们会按照我说的去做，这让我觉得我必须对自己说的每一句话负责，以免误导他们。"如果老师让学生进行静默练习，哪怕她只是说了个开头，并没讲完练习的要求，孩子们就已经开始一动不动地保持静默了。孩子非常信服且依赖老师的教导，但是这并不代表孩子们没有自己的爱好，事实上他们知道自己一天应该完成什么任务，而且会安排好自己的时间和生活。他们会自己拿取教具，课后还会将教具整理好。如果某一天老师迟到了或者是教室里面只有孩子时，他们的节奏也不会被打乱。**孩子的这种行为模式成功地结合了秩序性和自发的纪律性，这也是那些来拜访的人最感兴趣的地方。**

孩子们是如何形成秩序性的呢？他们为什么在安静的环境中也表现出极好的纪律性？他们为什么会服从老师的要求？很多孩子甚至在老师提出要求之前就表现出了服从。一旦孩子们开始活动，教室里就会安静下来，这个场景着实令人动容。因为老师并没有提出保持安静的要求，而且这种自发的安静也很难通过外在的强迫获得。我想，可能是这些孩子发现了生命的运行规律，就像夜空中的星星不停地运行和日复一日地闪闪发光一样。

自发性的原则与环境有关，却又超越了周围的环境，并表现为支配我们目前这个世界运行的普遍规律的一部分，而这正是预言中曾经提及的人类早就失去的东西。"年轻的孩子们被光芒召唤，开始探究我们生活的地球，但是依然不知道地球运转的规则。"在人们看来，自发性不能独自运行，必须与外在现存的其他原则相结合。如果我们想拥有自由，那一定是建立在秩序和纪律结合的基础上。这一观点对于有些人来说是很难理解的。

有一次，意大利总理的女儿陪同阿根廷大使到儿童之家参观，他们为了观察孩子们的自发性行为，便没有事先和我们打招呼。但是当他们到达学校门口时，才知道由于当天是节假日，学校不开门。当时在院子里活动的孩子们马上走到他们面前，有一个孩子主动说道："我们今天放假了，但是没关系，我们都在学校里，我可以找门卫去拿钥匙。"接着，这个孩子开始张罗起来，他跑到各个地方去叫他的小伙伴，还打开了教室的门。这些孩子都自己工作起来。这种令人震惊的自发性行为再一次得到了证实。

（十）我会写字了！

当家长们发现竟然有那么多的社会名流——意大利皇后、国王等都来学校参观孩子们的生活时，他们倍感震惊。他们也慢慢地意识到，自己的孩子现在已经得到了社会各界的关注。但是，他们并不太在意被拜访这件事情，也很少跟我谈论，他们与我说的更多的是一些与孩子相处的小事。比如，他们会说："这些小屁孩竟然会对我们提出要求：你的手太脏了，快去洗干净吧！你的衣服上有污点，想办法洗掉吧！要不是看在是自己孩子的分上，听到这些话真的挺让人生气的。当他们这样说的时候，还给我们一种很梦幻的感觉，很难想象这种话会从他们的嘴里说出来。"

但现实情况是，这些工人越来越讲究个人卫生，并且开始注意自己的生活环境，曾经那些放在窗台上的破锅烂碗再也见不到了。家家窗明几净，院子里还种上了天竺葵。孩子的妈妈尽管生活窘迫，依然会有人默默地用美食向老师们表达谢意，大家的生活都发生了改变。后来，有几个妈妈结伴来找我，因为她们自己不识字，所以希望我们能教授孩子们认字写字。一开始我是拒绝的，因为我原先没有这个计划，但是经不住她们一再的央求，只好答应了。

我们给4–5岁的孩子准备了一些字母表上的字母，由女老师用硬纸板剪出字母轮廓，然后教他们识字。我还用光面纸做了一些字母，方便孩子们能够用手去临摹字形。接着，我将所有的字母都贴在木板上，并且将字形相似的字母放在一起，孩子们就可以顺着字形用手临摹。有个女老师觉得字母卡的创意很棒，对字母的排列顺序也很满意，于是就按照我的方法去教孩子识字、写字，没有为孩子提供其他的帮助。

孩子们在认字上的热情远远超过了我的想象：他们会把字母板像旗帜一样举起来高呼，好像在街上游行。还有一次，一个孩子一边走，嘴里一边念叨："Sofia，Sofia，拼写是s、o、f、i、 a。"他不停地重复这个单词，在头脑中进行研究和分析，寻找组成这个词的语音。

孩子们凭借自己的兴趣，探究着这些字母，终于认识到，在字母表中的每个字母都有自己的读音。实际上，很多字的拼音就是将字母符号和读音相互对应。语言就是一种语音符号，而书面语就是将符号进行转换，让不可见的语音符号变为可视化的字母。书写的进步与口语和书写的同步发展有关系。最初，所有的书面文字都是从口语中一点一滴地提炼出来的，就像水滴汇聚起来一样，最终形成了一条有特色的小溪：固定词汇和句式。

一旦我们了解了书写的真正奥妙，就能从中获得双重益处。学会书写就意味着我们的手无意识地获得了一种能力，这种能力和说话一样重要；同时，学会书写之后，我们也得以掌握一种可以准确地反映口语的语言——文字。可以说，书写让我们的大脑和手同时进步。手为书写提供了动力，一旦掌握了书写能力以后，写字就成了一种无意识的动作。书面文字虽然由词汇和句子组成，但是它的基础依然是我们口语中的语音。

当我们创造出字母表之后，书面用语也就顺理成章地出现了，这是合乎逻辑的发展结果。但是如果我们想要通过手书写，就需要先临摹字母，而字母除了构成发音的元素以外，没有其他特殊用途，所以临摹它们并不困难。但是，儿童之家的孩子们与写字之间的故事着实出乎我的意料。

有一天，一个孩子学会了写字，他欢呼着告诉所有人："我学会写字啦！我学会写字啦！"所有孩子都跑过去围观，看这个孩子用粉笔写出来的字。接着，其他人开始争相效仿，到处找可以写字的地方，黑板上、地板上，孩子们挤在一起进行这个神圣的活动。书写在孩子们中暴发了。一旦他们学会了写字，这个活动就像山洪爆发一样势不可挡，孩子们的字迹会出现在门上、墙上，甚至是面包上。这些孩子只有4岁左右，他们突然学会了写字，这太出乎我们的意料了。例如，我们经常会听到老师说："看，这个孩子是从昨天下午3点开始学写字的。"

在我们看来，这件事堪比奇迹。这个时期，孩子专注于写字，即使我们为他们带来插图精美的图书也无法吸引他们。这些图书中的精美图片对孩子而言是一种阻碍，只会让他们分心，无法专心致志地进行书写的工作。一开始我们以为是因为孩子们从未接触过图书，所以我们试图通过介绍这些图书来引起他们的兴趣，但是并不奏效，孩子完全不在意这些图书，更不用说去理解书本上的意思。我们只能先放下书本，等待另一个更合适的时机。这些孩子只是书写，从来不阅读自己写下的内容，也几乎不阅读别人写的东西，这都是因为他们还不懂得阅读。当我大声朗读他们书写的文字时，大多数孩子会一脸震惊地看着我："你怎么知道的？"

（十一）阅读与撕书

孩子开始理解阅读的字的含义大概是在他们学会写字的6个月之后，因为他们可以成功地将书写和阅读结合起来了。当我在一张纸上书写的时候，孩子们会一直盯着我的手，并且开始意识到我写的文字和我说的话是同一个意思。当他们发现这一点的时候，就马上拿起我写了文字的纸张，走到房间的角落里，尝试阅读这些文字。他们阅读时没有发出声音，只是在内心默读。他们的表情十分紧张，显示出正在认真地思考。一旦他们看懂了我写的内容，脸上就会露出微笑，甚至会跳起来。紧接着，他们会按照我写的内容开始自己的工作。因为我写的每一句话都是比较口语化的命令，比如"开窗""到我这儿来"等。学会理解这些句子，就是孩子阅读的开始。随着学习的深入，他们还学会了阅读更长更复杂的句子，他们将书面文字理解为表达自我的另一种方式，就像人与人之间是通过口头语言直接交流的一样。

在学会书写以后，孩子的表达方法也发生了改变。以前有客人拜访的时候，他们都是滔滔不绝地致以口头的欢迎词；现在他们会安静下来，用粉笔在黑板上书写"欢迎您"或者"请入座"之类的文字。

有一次，西西里岛发生了地震，这场可怕的灾难摧毁了墨西拿城，导致数千人伤亡，我把这个不幸的消息分享给了孩子们，其中一个5岁的孩子主动站起来在黑板上写下："我觉得很难过……"我们都等着他继续，以为他会写下为这场天灾而难过之类的话。出乎意料的是，他写的是："我很难过自己只是个孩子。"这是一种自我反省。他接着写道："如果我现在是大人，就可以帮助他们了。"这个孩子写出了一篇小作文，展现了他内心的善良，而他的妈妈是依靠在大街上卖草药维持生计的。

　　我们平时教学用的字体都是手写体，与书本上的印刷体是有差异的。印刷体里有一些字母很难辨认，比如日历上，如果用哥特体，孩子们就无法辨认。所以，我们准备了一些资料来教孩子们辨别，方便他们阅读书籍。但是这个时候，我们收到了一些来自父母的反馈，他们抱怨现在带孩子上街都不能好好走路，因为他们的孩子总是会停下来去辨认商店招牌上的字母，孩子们热衷于去猜测那些字母的意思而不是阅读。这些印刷体就是孩子想要学会的另一种书写符号，他们通过辨认字母去阅读。这种思维过程就像我们曾经努力破译那些古文字一样，当我们猜出那些符号代表的意义时，就意味着我们破译了另一种文字。孩子们如此富有激情地完成辨认印刷体的工作也是出于同样的目的，他们试图通过破译字母来学会阅读书本上的文字。

　　假设我们忽略了孩子主动探索的过程，而选择匆忙地向孩子灌输这些印刷体字母的意思，那就可能会抹杀孩子对未知的渴求和探索。**过早地强迫孩子通过阅读书本来识字，对他们来说是毫无用处的。一本对他们而言并不重要的书籍会侵蚀孩子们生机勃勃的思维。**于是在很长一段时间里，这些精美的书籍被我们尘封在书柜里。只是到后来，孩子们才接触到这些书籍，并以一种很有趣的方式开始阅读。

　　那天，一个孩子兴致勃勃地来到学校。他的手里捏着一张皱巴巴的纸张，他悄悄地问自己的同学："你猜这张纸上有什么？""什么都没有，它只是一张破纸。""不对，纸上有一个故事……"这时身边的小伙伴都好奇地围了上来。于是，这个孩子拿着从垃圾桶里捡来的纸开始读了起来，他们认识到了书本的意义。但是，当孩子阅读这些书时，如果发现是自己觉得有意思的故事，就会直接将这一页撕下来拿走。

这些可怜的书啊！孩子们认可了它们的价值，同时又损坏了它们。孩子破坏书籍的行为让学校的秩序也变得混乱起来，我们需要想方设法去阻拦孩子们因为喜欢而伤害书籍的行为。而这些孩子在学会阅读和尊重书籍之前，我们已经引导他们学会了拼写和书写，他们的水平甚至能和那些普通学校三年级的孩子相比了。

（十二）心理健康决定身体健康

前面我们提到过，在儿童之家刚创办的时候，学生都来自贫困家庭，他们一直饱受营养不良和贫血的折磨，而现在他们面色红润、表情丰富、动作敏捷，没人看得出他们曾经亟须医疗和食物的滋补，而这种改变并非我们通过改善他们的身体状况带来的。这些孩子现在的身体是健康的，好像是由于每天呼吸新鲜空气、享受明媚的阳光而得到的。实际上，心理压抑会影响人的新陈代谢，降低机体活力，而相反地，如果我们保持积极的心态，就能促进新陈代谢，提升活力，有利于身体健康。对于这一点，我们已经有了事实依据。现在大家对这一理论已经习以为常，但在当时的社会中的确引起了轩然大波。

　　当时的一切在社会上都被认为是"奇迹"，大家都在争相报道这群创造奇迹的孩子们，他们可谓举世闻名。很多作者通过对他们的观察得到了创造灵感，出版了很多相关的书籍，尽管这些作者已经竭尽所能地去描写他们观察到的所有现象，但是对于其他人而言这仍然是一个陌生的世界，大家都在讨论着孩子的心理发展，讨论着已经出现的奇迹，甚至还会引用孩子们的日常对话。英国还出版了一本专门描写这些孩子的书，书名为《新儿童》。全世界都在谈论着这些孩子，特别是美国人，会特意到学校来验证他们从书本上阅读到的"奇迹"。

成长的要素

正常孩子的智力都是超前发育的，他们可以战胜自我，控制情绪，重新发现生活的力量和内心的安宁，他们崇尚纪律、爱好活动。

一、三个条件和两份清单

仅仅是讲述学校的事件和外界对我们的关注远远不足以让大家了解蒙台梭利教育法的意义，那我们应该怎么做呢？这才是问题的重点。

我们并不能直观地看到蒙台梭利教育法，能让我们观察到的只有孩子的表现。孩子可以不受束缚率性而为，他们表现出来的那些童真的行为只是他们天性中的一部分，如同鸟儿天生的颜色和花儿自带的芬芳，都不是后天教育的结果。其实，教育是可以在不影响孩子天性的情况下去保护和帮助其自然发展的。就像一朵原本芬芳美丽的花儿，好的园丁能够通过科学的培育方法让它发育得更好，让花朵更鲜艳，同时还能保留花儿的外在特征。孩子的自然心性并不像植物的自然特性那样易于观察，孩子的精神世界非常多变，并且非常容易受环境的影响，如果环境不合适，有些特性可能会完全消失或者被其他特性所代替。

所以，创立一个合适的环境是推行新教育的首要任务，这样才能帮助孩子发展其潜在的正常天性。推行新的教育法之前，首先要做的应该是清楚环境中的障碍，这也是新教育法得以发展的基础。综上所述，第一步是发现孩子的自然天性，第二步就是创造合适的环境帮助孩子正常发展。

我们在研究那些不经意间引导孩子品质正常发展的外界条件时，会发现有一些条件尤为重要。提供一个令人舒适的环境就是其中的一个条件，务必让孩子在环境中不受束缚。而我们的孩子大都来自贫困家庭，平时生活的环境非常混乱不堪，所以学校这个新环境令他们十分满意，我们有明亮整齐的教室，舒适小巧的桌椅，还有阳光照耀下的专属草坪。

第二个条件就是成人的不作为。孩子的父母都没有什么文化，他们的老师也没有任何偏见或者职业上的野心。这样的情况导致了一种"智力稳定"。这里的稳定指的是性格上的镇静沉着，就像我们总认为老师应该具备这样的品质。"智力稳定"超越了我们说的镇静：是一种更纯粹的状态、更深沉的沉静，或者说是从精神废墟中解放之后获得的纯真，与智力无关。这个纯真并非无知，而是指敞开身心迎接精神上的启蒙。这种沉静能让我们保持内心的谦卑，用最好的状态去理解孩子们的行为。所以，具有这种沉静与谦卑，是老师必须提前做好的精神准备。

最后一个很明显的条件就是给孩子提供科学的、能够引导他们活动的教具，我们可以通过各种美丽的装饰来完善带给孩子的感官体验，帮助孩子不断地改善自己的活动。这些教具必须能让孩子们保持专注。因为比起一味地说教，显然这些立体的教具更能激发孩子的创造力，这是说教教育永远无法达到的状态。

综上所述，目前我们已经集齐了舒适的环境、谦卑的老师和专业的蒙台梭利教具三个条件，这也构成了蒙台梭利教育法的三大外部特点。

现在，我们就要来努力发掘孩子的天性表现。

什么是正常发展的表现呢？孩子们的内心会引导他们的双手进行活动，而当孩子能够专注地重复某一工作或者练习玩弄一个外部物件的时候，孩子的自然天性就已经开启了正常发展的大门。"重复练习""自由选择"都体现了孩子的内在冲动。当我们看到孩子欢欣鼓舞和废寝忘食地工作的时候，也就代表他们在展示真实的自我，这种行为特征就像是生理上的新陈代谢，与孩子的心理发展休戚相关。从这一刻开始，这种自由选择会不断指引着他，他们对诸如静默练习之类的活动充满热情，他们喜欢一些能导向荣誉和正义的课程，他们急切地想学会那些能发展心理的工具。同时，他们又排斥一些东西，比如奖励、糖果和玩具，有时还会向我们展现他们内心需要的秩序和纪律。但是从始至终，他们仍然是真正的孩子，保持着孩子真实的一面，永远生机勃勃、真诚且快乐。他们开心时会乐不可支、欢蹦乱跳、四处奔跑，大声问候客人。他们从不吝于表达自己的情感，用叫喊和追随来表达他们的快乐和感谢。他们友善地对待他人，喜欢看到的一切事物，让自己不断地适应这个世界。

下面我会列举一些孩子喜欢的东西和他自然天性的表现。当然，我也会列举一些孩子讨厌的、在他们眼中没有意义的东西，而这些东西必须从他们的生活中消失。

我们首先来看孩子偏爱的东西：独立工作；重复练习；自由选择；控制错误；运动分析；静默练习；良好的社交礼仪；秩序感；个人清洁；感官教育；书写和阅读；复述；自由活动。

我们再来看看孩子排斥的东西：奖励和惩罚；字母表；团体课；计划和考试；糖果和玩具；老师的讲台。

综上所述，这两个清单向我们描绘了蒙台梭利教育法的大体轮廓。简而言之，孩子是蒙台梭利教育法的积极实践者，同时，他自己的选择成了指引他的原则，他朝气蓬勃的活力能控制错误的产生。

蒙台梭利教育法源自长期的实践经验，而在随后科学的蒙台梭利教育法的创立过程中，早期的原则从未被侵蚀，这一点让我们倍感震惊。这让我们想起了脊椎动物的胚胎，在这种胚胎中，我们可以看到一条将来会变成脊柱的生命线。不过，这条生命线起初看不出物质结构，只是一些点，这些点按照生命进化的规则，逐渐发展成互不相连的椎骨。我们可以进一步比较。这个胚胎分为下列三个部分：头部、胸部和腹部。与此相同的是，蒙台梭利教育法一开始也具备一条基本线，跟着出现了三个基本要素——环境、老师和科学的教具，在这个基础上慢慢地发展出大量的专业特点。

回顾教育法的演变过程是很有意思的。在我们的社会中，这些原则一开始都源于意外的发现，之后会跟随孩子的发展而自我进化。我们用进化这个词来表述它们的发展，因为生命的进化依赖于环境的变化，并且会带来新的特质。当然，这种环境的改变与成人息息相关，它能够让孩子在成长中呈现一种全新的模式并发生积极的改变。

蒙台梭利教育法诞生之后，在很多学校都得到了应用，这种教育方法迅速地传播到社会各个阶层和种族。而正是这种广泛的应用，让我们的经验也愈加丰富，使得我们可以透过问题看本质，去关注教育的共有特征和普遍趋势。由此可见，我们应该对形成教育基础的自然法则投入更多的关注。

在传播过程中还有一个有趣的现象，那些跟随儿童之家开展起来的学校都遵循了同样的原则：**先等待孩子自然的天性表现，再采取外部的教育方法**。

二、孩子之一：废墟中的孤儿们

我们在罗马建立的第一批儿童之家中，有一所学校的情况是非常特别的。如果说之前我们提到的建立在工厂之内的第一家儿童之家已经足够特别，那我即将提到的罗马这一所学校就更加不同寻常了，因为这所学校的孩子都是在墨西拿地震（意大利历史上最大的灾难之一）中幸存下来的遗孤。我们从废墟中救出了这60个孩子，没有人知道他们的姓名或家庭背景，只能给孩子们进行编号。而地震带来的创伤后遗症让这些孩子非常沉默，他们变得沮丧、冷淡、精神恍惚，无法正常地吃饭、睡觉，晚上还会突然尖叫或者整夜哭泣。

意大利的王后非常关心这些孩子，试图为他们提供一个全新的、快乐的环境。这个新家有颜色漂亮的迷你家具：橱柜、圆桌、长桌、凳子和扶手椅，还有鲜艳的窗帘。还有小朋友专用的餐具，如小盘子、小叉子等，甚至连香皂、毛巾也都是迷你的，与孩子的小手相适应。为了让这些小物件显得精致，人们还精心为每件东西设计了装饰品。墙上挂着漂亮的画，四周摆放着鲜花。

孩子在经历了一种精神上的更新之后，从悲伤和孤独中得到解脱，重新获得了快乐。如果我们把悲伤看作对生命活力的背离，那么恢复快乐和活力就意味着皈依。皈依之后，所有的悲伤和孤独都随着黑暗飘逝，我们迎来了黎明。

这些事情真实地发生在这些孩子的身上。孩子们摆脱了痛苦和孤寂，得到了平和与快乐。他们改正了那些大众眼中的缺点，但同时也遗失了某些通常被看作优点的特征。事实上，孩子们用这种独特的方式向我们表明：人已经犯了错误，必须完全更新。而想要达到这一目的，唯一的办法就是回溯创造性能力的起源。就像儿童之家的孩子们一样，他们的生活环境并非常规，如果不是他们表现出来的这种转变，我们不会认识到孩子本性的善恶，因为在我们固有的观念里，能适应成人环境的就是好孩子，反之就是坏孩子。由此推断，孩子们的自然本性被隐藏了。真实的孩子消失了，他们在成人的世界里不具备姓名，而且成人的善恶标准也将孩子隐藏起来了。

三、孩子之二：富裕家庭的孩子们

与贫穷环境对立的，就是富裕的环境。生活在富裕家庭的孩子在教育界也是一个特殊的案例。很多人会觉得，与那些家境贫寒或者地震遗孤相比，富裕家庭的孩子应该更容易接受教育。然而，事实是否真的如此？他们何时才能真正皈依？这些孩子在爱中成长，从小就因为自己的家境而能享受一些特权。但是他们与那些出身贫困的孩子相比，并不会更容易接受教育，这都是人们的偏见。在我之前写过的书籍里面提到过这一点，那些生活在欧洲和美国的儿童之家的老师曾经谈论过他们对这些孩子的第一印象，还有他们在实际活动中遇到的种种困难。

这些家境富裕的孩子对周围环境中的一切美好事物都提不起兴趣，美丽的花朵、庭院中的小路，他们都毫无感觉。他们也不会像其他的孩子一样，在课堂上生机勃勃，对教具充满了热情并且会自我选择道具，他们总是显得很麻木，这一切都让老师们很迷惑，因为那些贫穷家庭出身的孩子跟他们是完全相反的。这些出身富贵的孩子已经厌倦了华贵的玩具和物品，常规的东西根本无法刺激到他们。

我收到过很多老师的来信，一位来自美国华盛顿的G老师这样写道："这些孩子总是抢夺我们的教具；当我给其中一个孩子展示教具的时候，其他孩子不管当时在做什么都会马上围过来，他们非常吵闹。当我介绍完某一样道具的时候，孩子们都会蜂拥过来抢夺它。他们的注意力从一个教具转移到另一个教具，总是走马观花。还有一个孩子，他完全不能安静地坐下来，给到他的教具他从来没有认真地接触过。在很多情况下，这些孩子的活动是没有目标的，他们总是到处乱跑，不是撞到桌子就是踢翻椅子，再不然就是踩坏教具，完全不注意环境里面的其他事物。他们活动的时候也不够专注，有时候在某个地方开始活动，然后会突然地跑到其他的地方，捡起另一个教具，但接着又随意地把它丢掉了。"

巴黎的D老师给我写信道："我的教师经历简直糟糕透了！这些孩子的注意力完全不能集中，做任何事情都不会持久。除了缺乏耐心以外，他们还不够积极主动，就像家养的小羊羔一样，只会追随在伙伴的身后。如果有一个孩子发现地上掉了东西去捡，其他的孩子就会争相模仿。他们甚至会在地上滚来滚去，撞翻其他东西。"

罗马一家对口招收来自富裕家庭的孩子的学校，他们做了如下的描述："目前教学上出现的最大问题就是纪律和秩序。孩子们在课堂上完全不受老师的指引，都是胡乱进行自己的工作。"

而当我们重建纪律之后，这些孩子们有了巨大的转变。华盛顿的G老师是这样描述的："经过几天的活动之后，这些孩子有了很大的改变，慢慢地了解了纪律是什么。他们开始指导自己，对起初满不在乎的教具产生了兴趣。之后，孩子们开始作为独立的个体去进行活动。一个能吸引孩子全部注意力的教具使他们不会被另一个教具所吸引。这些孩子开始关注他们各自感兴趣的东西。

"我们想在战斗中获得胜利，就一定要让孩子找到能自发地激起他强烈兴趣的某种东西。有时候，这种激情是突然产生的。我曾经尝试用学校里的所有教具去激发一个孩子的兴趣，却一点儿用处也没有，他完全不感兴趣。但是，偶然有一次，我给这个孩子展示了两块不同颜色的写字板，一块是红色，一块是蓝色，让他区分这两种颜色的差别。这个孩子立刻伸出手，迫不及待地拿起它们开始观察，并且仅仅用了一堂课的时间就认识了五种不同的颜色。在随后的几天里，那些他曾经忽视的教具渐渐地都引起了他的兴趣。

"有一个孩子，他起初没有耐心，注意力只能维持很短的时间。后来，他对一件有关长度的教具产生了兴趣，慢慢地开始集中自己的注意力。在长达一周的时间内，他不断地玩这个教具，并掌握了如何数数和简单的加法。在这之后，他开始研究其他简单的教具，比如圆柱体插件、金属板等，最后对所有蒙台梭利教具都产生了兴趣。

"让孩子们变得有秩序的方法，就是让他们找到自己感兴趣的物体。这样一来，他们的行为不再混乱，心灵也逐渐安定。"

这个老师还讲述了一个个性觉醒的案例。学生里面有一对姐妹花，姐姐5岁，妹妹3岁。妹妹不具有个体意识，做任何事情都仿效她的姐姐。如果姐姐有一支蓝色的铅笔，妹妹就会很难过，直到她也拥有同样的铅笔为止；如果姐姐早餐吃黄油面包，那么妹妹也只吃和姐姐一样的黄油面包。类似的事情举不胜举。妹妹没有自己感兴趣的东西，唯一的兴趣就是追随姐姐的步伐，重复姐姐的喜好。然而有一天，妹妹看到了粉红塔，这些粉红色的立方体积木激发了她强烈的兴趣，她开始兴致勃勃地创造属于自己的堡垒。她不停地重复这个活动，忘记了周围的一切，包括她的姐姐。姐姐看到妹妹在做的事情后大吃一惊："我在填色，你在建城堡，这是怎么啦？"正是从那天起，妹妹的个性觉醒了，她开始独立发展，再也不是姐姐的影子，而是另一个独立的孩子。

巴黎的D老师还说起了一个4岁的小女孩。刚开始的时候，这个小女孩没办法自己端起盛满水的水杯，并且保证不让水洒出来，甚至是半杯水她也做不到。因此，这个小女孩故意回避做这件事。但是，在她成功地完成自己感兴趣的另一项练习之后，她开始能毫不困难地拿起水杯。她兴奋地给自己的小伙伴们送水，再也不让杯子里的水洒出来。

澳大利亚的B老师为我们描述了另一个有趣的事情。在B老师的学校里有一个还不太会说话的小女孩，她只能简单地发一些模糊的音节。为此，小女孩的父母十分焦虑，还带她去医院检查是否智力迟钝。有一天，这个小女孩突然对圆柱体插件产生了兴趣，并且花了大量的时间把木制的圆柱体插件从底板的圆孔里抽出来，再插回去。当她怀着强烈的兴趣一遍又一遍地练习之后，她跑到老师面前说："你快看啊！"

B老师谈了从工作中获得的快乐："孩子们通过学习获得了自豪感。当他们学会自己动手完成一些简单的活动时，会兴高采烈地跑过来，靠近我的耳边说：'你看，这都是我自己完成的，你是不是以为我自己做不了？我今天比昨天更棒了呢！'当我们展示一些新东西的时候，就会表现出这种自豪感。"

D老师表示："在圣诞节之后，班上的气氛发生了巨大的转变。在我没有采取任何措施的情况下，大家自发地建立了班级的纪律。每个孩子都摆脱了混乱的状态，专注于自己的活动。他们会主动地去橱柜里选择自己感兴趣的教具，非常有纪律，表现得非常有耐心。这种活动的气氛充满了整个教室。曾经那些仅凭一时冲动去选择教具的孩子也表现出了内心的纪律和秩序，他们完全将注意力集中在自己的活动上，并通过克服困难完成活动的过程获得内心的满足。这种正确的工作模式能卓有成效地激发他们的品性。孩子成了自己的主人。"

给D老师留下最深刻印象的是一个4岁半的小男孩。他的想象力非常丰富，天马行空，以至于完全不能将注意力聚焦到我们的教具上。无论你给他什么物品，在他的描述中都会成为另一种完全不同的东西。他侃侃而谈，完全忽略了物体本身。因为注意力非常不集中，他在生活中就会显得很笨拙，甚至不能自己扣扣子。直到有一天，某种奇迹开始降临到这个小男孩的身上。D老师说："他发生了非常显著的变化。他不但把一项练习当作自己最喜欢的工作，还将这个练习介绍给身边的朋友。慢慢地，他也变得沉稳了。"

四、源自精神的力量

在蒙台梭利教育法形成体系之前，在儿童之家工作的老师只能通过点滴事迹向我们描述它的力量，这些事迹可能是重复的，因为它们的本质是相同的。大家面对的都是雷同的事件和类似的苦难，不同的只是程度高低而已，这些事件会发生在所有孩子的身上。精神上的困难和人类的繁荣休戚相关。

每个人都会受到精神力量的感召，如果我们要响应这个感召，就需要克服内心的困难。每个人都走上了一条秩序化的路线，在内心能量的推动下持续前进，这些力量也逐渐外化，成为看得见的行为。

有一些突发事件会引起剧变，预示着孩子后期的发展。就像我们有一天长出了第一颗牙，突然开口说第一句话，或者开始学会走路，都是个人发展的开端。长出第一颗牙，代表着后面会陆陆续续长出所有的牙齿；说出第一句话以后，会越来越懂得表达自己；迈出了第一步，慢慢地会越走越稳。由此可见，我们的孩子，无论生活在社会的哪一个阶层，自我发展都会受到抑制，或者走上错误的道路。我们甚至可以通过详细的研究证实孩子的很多特征都消散了，转而被相同的生命结构代替。所以在新生儿及其他生命的起源上，人类重复地犯错，扭曲了自然天性，成为无数畸变的根源。

正常孩子的智力都是超前发育的，他们可以战胜自我，控制情绪，重新发现生活的力量和内心的安宁，他们崇尚纪律、爱好工作。我们身上有很多潜藏的不为人知的本性，尽管世人无法看得见但是它们真实存在，并且与健康和创造力同在。

在孩子们身上，正常的心理品质可以很容易形成。到那时，所有不正常的心理品质都会消失，就好像病人治愈以后，所有疾病的症状都会消失一样。如果我们从这个角度来理解孩子，尽管会面对环境中的各种不如意，也能迅速辨别出正常的本性表现。即使我们无法正确认知孩子的正常化表现并提供帮助，但是孩子们会通过自己的本性活动帮助自己跨越阻碍，恢复健康与活力。

也许我们可以这样来表述，孩子用他们强大的精神力量为成人展示了宽恕的重要性。所以对于孩子来说，这并非一个本性被压制的小插曲，而是一场由于长期受到压制而进行反抗的斗争。

孩子的
心理偏差

孩子产生心理偏差都有一个原因，那就是他在成长过程中遇到了一个有敌意的环境，进而影响了他们发展的独有形式，让他们的潜力无法通过肉体化的过程展现出来。

一、导致心理偏差的原因

经过长期观察，我们得出了一个令人惊讶的结论：孩子们在正常化的过程中，很多特质会慢慢消散，而这些特质就是我们普遍认为的童年时期的特性，包括不讲卫生、爱顶嘴、懒惰、贪食、自私、吵闹、顽皮等，还有想象力丰富、爱好故事、不独立、服从、贪玩等。其中有一些经过科学认证：模仿他人、好奇、善变和不专注也都消散了。由此可见，我们以前看到的孩子天性的外在表现只是一种伪装，真实的天性被掩盖了。这种现象很普遍，而且被大众所认知。

自古以来，人类的天性就被分为两种：一种是出生时上帝赋予的；另一种则是人类自身的沉沦引起的，后者使人类一出生就带有原罪。就，原罪本身并不可怕，可怕的是原罪引发的一系列严重的后果，它不仅意味着我们丢失了具有创造力的精神，还丢失了万物生存的法则。人类只能像汪洋大海中的一叶扁舟，漫无目的地漂流，既无法克服环境中的种种阻碍，也不能防备自己内心的种种错误想法，慢慢地迷失自我。这样的想法是哲学特有的推理演义，能帮助孩子发现那些具有启迪的生命观点。生活中一些细节都会引发心理发展的偏差，而这些偏差经过爱和帮助的伪装，令人非常难以察觉。这些偏差来源于我们内心的愚昧以及成人强烈的占有欲和控制欲，对孩子的成长非常消极。即使是这样，孩子依然在不断地更新自我，这种特征影响了人类的未来。

如果孩子恢复正常，就会产生这样一种情况：他会将注意力集中在某个与外界产生联系的活动上。我们由此推断，**孩子产生心理偏差都有一个原因，那就是他在成长过程中遇到了一个充满敌意的环境，进而影响了他们发展的独有形式，让他们的潜力无法通过肉体化的过程展现出来。**

经过上述分析，我们可以得出结论，心理偏差始于生命之初，在人类还处于精神胚胎阶段的时候，这些结果就产生了；我们很难察觉的偏差会引发人性的完全扭曲。

二、心理偏差的表现

（一）神游症

在列举心理偏差的各种外在表现之前，我们先回顾一下肉体化的概念。肉体化指的就是我们必须借助肉体的运动才能获得的心理能力，从而统一我们外显的个性。身心统一有两种方式：第一是成人代替孩子，第二是生活环境满足活动动机的需求。如果这两种方式都达不到我们想要的效果，那么孩子的身体活动和心理能力会分开发展，最后导致分裂。

　　世界上所有的事物都无法自我创造或毁灭，心理能力更是如此。如果这些能力被迫生存在与生俱来的领域之外，就一定会产生偏差，因为它们丢失了自己的目标，只能在一片空虚、混沌的状态中工作。本来应该肉体化的心理能力最终逃亡，进入幻想的领域，它们试图寻找自己的目标却事与愿违，它们想在幻想的领域中寻求能够依靠的事物却无功而返，最终它们只能在各种符号与表象中游移不定。而肉体处于长期的运动中，难以保持安静，这种运动都是混乱不定的，对自身没有帮助。孩子们无法专注地完成一件活动，总是轻而易举地放弃，这都是心理能力缺乏可依附之物造成的。**孩子们这些毫无节制的胡闹可能会引来成人的惩罚，他们无处发泄的精力可能让成人忍无可忍，但是成人依然选择尊重并保护孩子们的各种幻想，尝试理解他们的幻想，并告诉自己这是孩子特有的想象力和创造力。**

　　大家都知道，德国教育家福禄贝尔为孩子发明了很多娱乐和游戏，目的在于激发孩子在这些活动中展现自己的想象力。他尝试让孩子将不同样式的木块和砖块想象成骏马、城堡或者国王的宝座。实际上，孩子的想象力可以引导他们赋予生活中的所有物体一种象征意义，这样就可以在他们的内心产生一种幻觉的景象。他们可以将木棍想象成野马，将椅子想象成国王的宝座，将铅笔想象成飞机。我们鼓励孩子玩玩具也是出于同样的原因，玩具虽然不能进行实际的工作，但是可以给孩子带来幻想的空间。

但是这种想象并无益处。因为玩具会分散孩子的注意力，只会让孩子的心灵误入歧途。当然有一些玩具是可以刺激孩子活动的，就像轻轻吹一口气就能让星星之火重新燎原。但是一旦刺激的光熄灭，玩具就无用了。即便如此，玩具在很长一段时间内得到了成人的青睐，因为它是孩子表现智力的唯一方式。

成人给孩子的自由其实非常有限，仅仅限于娱乐休闲，也就是我们说的玩玩具。并且我们坚信，孩子能通过这些玩具得到快乐。这种信念在我们内心深处已经扎根了，尽管孩子对某样玩具的兴趣并不长久而且经常会弄坏它们，但是这个时候成人往往会表现得非常有耐心、宽容，并且乐此不疲地给孩子买新玩具。玩玩具是孩子在童年时期获得的唯一自由，他们应该在这一时期为自己的未来生活奠定坚实的基础。我们通常认为，"分裂"的孩子在某一方面非常聪明，但是他们永远缺乏秩序感，并且很邋遢。如果让孩子处于我们精心准备的环境里，他们就能够专注于某一个活动。他们的幻想和彷徨会被镇定和冷静取代，他们沉迷于活动，致力于自己的发展，最后慢慢变得正常。他们的肉体会跟随心灵的引导，告别浑浑噩噩，成为孩子认知外部环境的工具。因此，摇摆不定的好奇转化为孜孜不倦的勤奋。

在心理分析中，我们将非正常的幻想和对游戏的过度迷恋统称为"心理神游症"，这种神游实际上是心灵的一种逃避和不肯面对，属于背离了天性而被隐藏的内心能量，也可以说是潜意识中的自我防卫，能够远离痛苦，将自我隐藏起来。

（二）心理障碍

我们发现，在学校里，那些想象力丰富的孩子并不是成绩最好的孩子，现实中他们甚至可能在学业上一事无成，但是毋庸置疑的是，他们的智力没有任何问题，大家更愿意认为，是巨大的创造性智慧使他们不能致力于实际的活动。然而，事实清楚地表明，那些有心理偏差的孩子不能控制自己的心理，无法充分地发展他们的智力。孩子心理的这种弱点不仅表现为智力受到了损害，因为他的心理陷入了幻想世界，而且还表现为他丧失了勇气并试图封闭自己，这或多或少地会压制孩子的智力发展。

就一般的孩子来说，他们的智力水平是低于正常水平的，这与心理偏差有关。就好像我们身体里的骨头发生错位以后，必须经过精心调理才能恢复正常水平。如果我们直接纠正这种偏差，就会形成敌对关系，因为如果我们无法准确地激发心理防卫的话，单纯靠外力去压制这种偏差，是达不到理想效果的，这在心理学领域是一个非常有意思的现象。正常来讲，在心理学上，我们不将这种现象当作一种防卫，只是外在表现为反抗或者固执。真正的心理防卫与这种现象完全相反，它并不是直接敌对，而是潜意识里的拒绝，拒绝这些强加给自己的观点。心理学将其称为"抑制"。老师应该能够认识到这一问题的严重性。通过这种防卫机制，孩子的内心完全被掩盖，无法感知外界的声音与光线，他们的潜意识好像在说："你说你的，但是我不听；你反复地说，我依然听不到。我在修建抵御你的防火墙，不然就无法构筑自己的世界！"

这种漫长而持续的抵制活动让孩子的行为丧失了原本的活力，也就不存在意志好坏的问题。老师和这些有心理障碍的孩子相处的时候，很容易觉得他们很笨，认为他们天生对某些科目不够敏感，像数学和拼写等。如果涉及的科目多了，即使孩子本身智力正常也会被外界误认为有智力缺陷。如果成绩不合格而导致留级，那他们就会被划分到智力迟钝这个范畴。心理障碍除了会影响孩子理解事物的能力，还会逐渐让他们排斥学习。这些孩子会先厌倦某一个科目，进而厌倦所有的科目，最后还会排斥学习，甚至排斥学校，排斥自己的老师和同学。热爱和友善随之消失，他们最终会完全脱离学校。

童年时期形成的心理障碍甚至有可能影响一些人的一生，这种现象在心理学中非常普遍。就好像有些人一辈子都排斥数学，觉得自己对数字不敏感，而且不仅仅是不理解数学，甚至提到数学就觉得自己不行，他们在开始学习之前就选择了放弃。在语法学习上也有同样的情况。我曾经认识一个很聪慧的意大利女孩，她在语法上的错误与她的年龄和文化层次完全不匹配。她非常努力地学习语法，试图改善自己的拼写，但是一切都是徒劳，她所犯的错误只多不少，即使阅读名著也无济于事。直到有一次，我非常震惊地看到她写出了完全正确和漂亮的意大利文。具体的细节我不方便在此一一表述，但是我很肯定，她一直都知道正确的拼写，只是受到某种神秘力量的控制，所以无法正确地表达出来。

　　也许有人会好奇，前面说到的神游症和心理障碍，到底哪一种心理偏差更严重？在儿童之家，神游症更容易被治愈。我们可以通过比喻来说明，就好像如果我们生活的地方缺乏生活需要的物质，甚至于整个民族都吃不饱穿不暖，那么我们一定会迁徙到其他的地方，但是如果原来的环境改善了，可以满足我们的需求，那么我们就会重回故土。我们可以大声地说："快回来吧！我们有更好的生活条件啦，你可以自由地发挥自己的能力了！"

　　实际上，我们通过在学校里的观察很容易发现，那些任性暴躁的孩子能非常迅速地发生改变，就好像闪电一样。他们的改变并不局限于外在表现，而是从内心深处发生了转变。他们不再混乱无章，而是能够有秩序地进行活动，他们的内心逐渐平和。心理偏差的消失，源于内心自发的转变，但是如果我们没有在童年时期纠正这些偏差，就会终其一生与它们相伴。

　　很多人成年以后依然有丰富的想象力，但是他们对生活环境的感觉一直都是模糊不清的，接触到的也只是自己感觉中的现实。这些人拥有敏锐的想象力，他们不在意外表，乐于赞美大自然赋予的一切：阳光、蓝天、花朵等，他们感知世界的方式如同阅读小说。其实他们并不真正热爱自己赞美的风景，甚至无法驻足去感受它们。天空中闪烁的星星会赐予他们灵感，却得不到他们长期的注意力，以至于他们连基础的天文学知识都不了解。他们的气质像艺术家，却没有艺术家的实力。他们无法正常地运用自己的双手，也无法让自己保持安静，他们带着不安四处碰撞，常常损坏东西。他们还会无意识地拔起曾经赞叹不已的花朵，他们既不能创造美好的事物，也不能让自己的生活更美好，更不知道如何去发现一个真正美好的世界。他们将自己衰败的感官错认为是境界上的高尚，所以如果没有人帮助，他们一定会迷失自我。他们会陷入一种精神错乱的状态，这种状态起源于生命初期，那也是最容易产生混乱的时期，一时不查就误入心理偏差的歧途之中。

相比神游症而言，心理障碍更难克服，即使孩子也是如此。心理障碍会在我们的内心建造一座城池，将心灵禁锢在里面，免遭外界的伤害。高墙内上演的是神秘的内心戏，高墙外则是外界的美好与富足。科学的严谨、数学的奥秘、古典语言的美丽和音乐的迷人，这一切都是封闭自我的人的"敌人"。这些奇特的能量成了掩盖美好事物的阴影，遮挡了爱的光芒，从而让学习成为一件令人苦恼的事情，进而让他们对全世界都感到厌倦，无法积极主动地投身于周围的环境中。

障碍这个词总是会让我们想起生理卫生知识缺乏、不懂得如何健康生活的远古时期，那时人们通过将自己隔绝起来保护自我。人们隔绝了一切环境，包括太阳、空气和水，紧闭窗户，让房间密不透风——尽管窗户本身就很小；他们还裹着厚重的衣物，皮肤根本无法接触外面的空气。我们人为地建造了一道屏障，将身体与生活环境隔离开来。

在社会生活中，我们同样建造了屏障。人与人之间相互孤立，家庭与家庭之间相互隔离。家庭内部成员相处融洽，互相分享快乐与悲伤，却与其他家庭相互隔离。这道屏障的存在并不能保护爱。家庭与家庭之间的屏障是封闭而强大的，无法逾越。阶级之间与民族之间的障碍也是如此。当然，民族与民族之间的屏障并不是为了分离一个原本和谐的整体，而是因为民族本该获得自由。民族间的屏障会随着孤立与相互防备而逐渐加深，并影响个人来往和商品流通。如果文明来源于沟通，为何会造成现在的状态？也许民族之间的屏障是因为曾经遭受了暴力的碾压。曾经的伤痛深埋人心，日益强大的屏障最终削弱了民族的生命力。

（三）依赖性

有一些温顺的孩子，他们的心理能力不够强大，必须依靠成人。而这些成人习惯于代替孩子进行活动，导致这种孩子的依赖性非常强大。尽管这些孩子没有意识到自己活动的需求，但是这种生命的需求会让他们产生埋怨，所以他们总是看上去有些忧郁，被人认为是多愁善感的。他们会无端地产生困扰，然后向周围的成人或者孩子求助，无法依靠自己走出困境。他们对旁人的依赖，似乎将自己生命的决定权交到了别人手上。他们需要成人的帮助和陪伴，不管是玩耍还是讲故事，他们都不想被单独地留下来。如果自己的孩子是这样的，那么成人就变成了奴隶，他们的地位就被调换了。但是，这种孩子又会表现出一种互相理解和亲密的感情，他们不断地提出问题，好像对知识无比渴求。但是他们提出问题以后并没有认真聆听别人的回答，这种表演出来的求知欲只是一种留住依赖之人的方法而已。

孩子很容易放弃自己的活动，他们仿佛随时做好了服从成人所有命令的准备。成人会发现，自己很容易就能改变孩子的意志，孩子不会坚持自己的意愿，并且会非常顺从地遵从成人的想法。这种情况会带来一种巨大的危险，那就是造就孩子的冷漠，或者也可以称为心灵上的"懒惰"，代表着孩子的心理偏差已经达到了极限。成人对于这种表象非常喜闻乐见，因为这样的孩子不会成为自己活动的障碍。但是这样会导致孩子的心理畸变更加严重。

心灵上的懒惰其实就是精神器官受到了压制，就好像一个人大病之后身体也会大不如前，它压制了生命力和有创造性的心理能力。懒惰也是基督教的七宗罪之一，是扼杀灵魂的原罪。孩子的精神被强行压制，并被成人的意志凌驾其上。成人给予孩子的帮助没有效果，并用自己的活动代替了孩子的活动。成人用自己的权威无限地打压孩子的能力，最终孩子的心理能力被扼杀。然而，成人丝毫没有意识到这一点。

（四）占有欲

所有正常的孩子都会产生一种本能，这种本能会促使他们开始行动。这种与环境有关的活动并不是冷漠的，而是充满热情和激情的，犹如饥饿的人对食物的渴望。当我们极度饥饿的时候，会四处寻求可以饱腹的东西，这无关逻辑推理，而是一种生理需求。就像我们找东西吃的时候，会说："我太久没吃东西了，我已经饿得没有力气了。如果再不吃东西，我可能会死了。所以我一定要找点儿东西吃。"饥饿对于人来说是一种生理痛苦，会使人抑制不住地去寻找食物。孩子们的精神也会有这种饥饿感，促使他们不断寻求让心灵得到满足的东西，通过活动和环境的滋养促进自我的发展。

"让我们像婴儿一样热爱精神的乳汁吧！"正是这种源自本能的对环境的热爱构成了人类的基本特征。如果我们用激情来形容孩子对环境的热爱是不准确的，因为激情通常都不会持久，而孩子的这种热爱包含了对生命的迫切愿望。同时，这种热情会促使孩子不断地活动，就像充足的燃料产生的火焰一样，他们的身体与环境中的氧气产生化学反应，为生命的持续提供了条件。一个有活力的孩子会给人这样的印象：他生活在一种适宜的环境中，这种环境有助于他实现自我。所以，生物就应该按照其本身的方式生活，否则就无法充分地展示自己。

一旦孩子失去了适合自己的环境，他的心理活动就无法得到发展，他会处于懦弱、异常和孤独的状态中。这样的人在外人的眼里是麻木不仁的，更严重点儿说，他就是一个空虚的、任性的、令人讨厌的和与社会脱节的人。

如果我们没有给孩子提供合适的自我发展的活动动机，就会导致孩子的眼里只能容下"物",并且具有强烈的占有欲。这个时候,理性与热爱都会变得一文不值,他们只想掠夺和占有。他们的心理能力会发生偏移。例如,当孩子看到了一块金表时,尽管他根本不懂得用表去识别时间,但是他会想拥有这件东西,而周围其他的孩子也想拥有这件东西。一旦有人争夺,孩子们就会想破坏金表,让它失去价值。从此,这种具有破坏性的竞争开始了。

绝大多数的道德偏差都是因为一开始的时候做错了选择,在爱与占有之间做出错误的选择就会造成偏差。不同的选择会让孩子走上不同的道路。孩子们会主动地表现自我,如同章鱼一般伸出触手,去触碰这个世界,抓住并毁坏他急不可耐想得到的东西。一旦孩子产生了占有欲,他也会产生强烈的依赖和保护欲,他会牢牢地抓住东西,像保护自己的生命一样保护它。

在很多时候,孩子们都想独自占有某个物品,会为了争夺这个物品的归属权而吵架,甚至是打架。这种偏执的占有欲的根源都是缺乏爱,孩子们之间感情破裂的原因则是缺乏友情,所以他们会为了一些鸡零狗碎的小事而产生冲突和争斗。这种争吵不仅很可怕,也会带来非常严重的后果,因为它们取代并且掩盖了孩子心中原有的东西,让他们的心理能力被逐渐扭曲。因此,孩子的占有欲来自内心的恶魔,而非来自物体本身。

我们用道德上的劝诫让孩子不要过度依赖于外界事物,这也是一种道德教育。这种教育的基础是尊重他人的财产,如果孩子意识到了这一点，就代表他们能够区分开自己和内心生活，他们开始索取外界的事物。这种欲望深入了孩子的内心，所以人们理所当然地认为这就是孩子的本性。

其实，那些顺从的孩子对于环境中的物质也是充满了占有欲的，只是他们表现的方式不一样，他们不会产生冲突，或者说为此而争斗。他们更偏爱默默收藏，因为外界认为他们是天生的珍藏家。当然，这种收藏和那种具有知识体系的有序收藏是有很大区别的，他们所谓的收藏更多的是指收藏形形色色的物品，尽管自己对于这些物品并不那么喜欢。这种毫无意义且没有逻辑的收藏行为在病理学中被视为疯狂的标志，代表心理出现了偏差。这种现象不仅仅存在于精神病人的身上，也存在于犯错的孩子身上，他们都会在口袋里塞满纷杂无用的东西。

那些温顺孩子的收藏行为与病理学的疯狂行为非常相似，只是这些孩子的行为会被成人正常化。而一旦有人妄图抢夺他们的收藏品，他们就会竭尽全力地抗争。心理学家阿德勒对这种现象有独到的解释，他将这种占有欲比作人类的贪恋，而且这种贪恋在孩童时期就会萌芽。如果一个人对外界的物品产生了过多的占有欲，即使它们毫无用处也不愿放弃，长此以往内心就会失衡，跟着就会产生一些不良的心理影响。

成人每次看到孩子维护自己的财物时都会觉得很开心，因为他们觉得这是人类的本性，更是在社会上生存的必要品质。甚至于他们认为，有占有欲和收藏癖的孩子才能得到理解。

（五）权力欲

接着我们讲下一个心理偏差——权力欲，它与占有欲是相关的。我们拥有一种主宰环境的本能力量，这种力量会引导我们将对环境的爱转化为对环境的支配，但是如果这股力量不是心理发展的自然产物，而是一种贪婪，那么它就会偏离方向，心理偏差就产生了。

如果孩子产生了这种心理偏差，那么他与成人相处时就会将成人当作一个手握权力并且至高无上的掌权人；同时，他们会想借助成人的行为来增强自己的力量。于是，他们会操纵这些成人，去获取目前不在他们能力范围以内的东西。这种行为模式并不难理解，每个孩子都难以避免会面对这样的情况，以至于被认为这是一个寻常的情形。但是，这种行为模式也是孩子最难改正的弊病之一。

孩子的任性就是一个非常典型的现象。当那些羸弱且被禁锢的孩子发现借助成人可以达成愿望之后，他们很快就会故技重施，这是非常合乎情理的策略。一旦尝到了甜头，孩子就开始提出一些被成人认为不合理的要求，他们的欲望是无止境的。孩子沉浸在幻想之中，认为成人是无所不能的，可以毫无节制地满足他们的愿望。这种感情在神话故事中并不少见，神话是孩子浪漫幻想的表现，同时拥有深刻的现实意义。神话里的主人公只要求助于仙女，就能得到一般人不可匹敌的财富和恩泽。这些仙女们并非同一个样子，她们也分美丑善恶，也会伪装成有钱人或者穷人。有的仙女生活在森林里，有的仙女生活在富丽堂皇的宫殿里，她们都是孩子理想中的样子。那些年纪大的仙女像是孩子的奶奶，漂亮的仙女则像他们的妈妈。有的贫穷的仙女不修边幅，有的则珠光宝气，就像贫困的妈妈总是捉襟见肘，而有钱人的妈妈则会穿金戴银。但是不论贫富，妈妈们都会善待自己的孩子。在孩子看来，无论成人是生活悲惨还是春风得意，他们都是强者。

　　孩子尝试将成人的力量为自己所用的时候，一定会和成人产生冲突。刚开始的时候，这种冲突并不尖锐，披着温情的外衣，因为成人总是会选择退让和自我牺牲，他们的幸福快乐来源于孩子的愉悦满足。事实也确实如此，比如成人想要阻止孩子不停地洗手，那就要在其他方面满足他的占有欲。当孩子们的欲望第一次被满足以后，欲望之门就被打开了。成人不停地让步，孩子不停地要求，直到成人再也无法满足孩子的幻想，孩子才会偃旗息鼓。物质世界是有限制的，而想象是无边无际的，因此想象与现实产生冲突只是时间早晚的问题。孩子的任性就是对成人放纵的惩罚。实际上，已经有很多成人认识到了自己的纵容，并且承认是自己的放纵影响了孩子。

　　那些听话懂事的孩子也有自己征服成人的方法，他们会用自己热情的眼神凝视成人，或者可怜巴巴地看着成人，或情真意切、我见犹怜，或乖巧伶俐、惹人怜爱。在他们看来，成人必须妥协，直至无法给予更多的东西。这些不正常的状态带来的就是因为心理偏差而产生的痛苦。成人痛定思痛之后才明白，纵容只会助长孩子的不良习气，于是他们试图弥补，想修正这种陋习。但是如大家所见，这种已经成形的任性不可救药，孩子已经软硬不吃，无论言语上的劝告还是行动上的惩罚都于事无补。这样做就好比面对一个因高烧而不省人事的人时，一边告诉他马上就能痊愈，一边威胁他再不痊愈就要将他隔离一样。**实际上，并不是成人的妥协，而是将孩子与现实生活隔离开来，才造成了这种心理偏差。**

（六）自卑感

成人并没有意识到自己会对孩子表现出蔑视，因为他们坚信自己的孩子是非常优秀的，并将自己未能实现的抱负和希望都寄托在孩子的身上。然而，成人的潜意识里藏着一种本能，他们认为孩子是"愚顽恶劣""不知所以"的，因此需要将自己的思想强加给孩子，并试图按自己的意愿去匡正孩子的行为。

在成人眼里，孩子柔弱且不能自理；而在孩子眼里，成人则神通广大。成人会有意识地在孩子面前表现出自己对其他人隐藏的一面，例如贪婪、专制和暴虐。在家庭里，成人凭借着权威的伪装一点点地粉碎了孩子的自我意识。比如当看到孩子端茶水时，成人的第一反应是茶杯有被摔碎的风险。贪婪让成人视茶杯为珍宝，因此他会阻止孩子的行为，以避免财物的损失。或许这个家庭非常富裕，并且随着时间的不断流逝，这个孩子也可能后来者居上，创造更多的财富。但是在那一刻，这个普通的茶杯对于成人而言是稀世之宝，他要倾尽全力地保住这个茶杯。同时，他的内心还有一种想法："我的茶杯放得好好的，这孩子为什么要没事找事呢？难道我在这个家里还不能按照我自己的方式去做吗？"这个成人肯定是愿意为了孩子的成长而付出努力的，他的内心比任何人都渴望自己的孩子可以名利双收；但是在这一刻，他的内心完全被专制的冲动所支配，从而使得他可以为了一个微不足道的物品而大费周章。

事实上，如果是一个佣人像他的孩子一样端起了茶杯，这个成人只会一笑置之；如果是客人打破了茶杯，他也会宽容以待，不把这件事情放在心上。因此，孩子会注意到自己是唯一被认为会对物品带来危险的人以及唯一不被允许触碰物品的人，孩子会对自己产生失望。这种自卑感会让孩子觉得自己还比不上一个茶杯。

我们还要考虑孩子的心理发展。孩子必须接触环境，并利用环境中的物体进行活动，这样能帮助孩子的内在发展。成人并不会刻意关注自己在日常生活中行动的顺序，因为这些行动已经成为他的生活方式，他对此已经习以为常。成人每天睁眼以后，就知道自己应该做什么，这就如同呼吸一样自然，因为每件事情的顺序已经程序化，不需要再三思量。但是孩子不一样，他们的行为需要基础，而他们为自己制订的计划却每每被成人打乱。比如孩子正在自己玩耍，成人会过来打断他，把他打扮一番带出去散步；或者，孩子正在专注自己的游戏，比如把石头装进桶里，这个时候家里来了客人，妈妈就会让孩子放下自己的游戏过来陪客人。**成人总是反复地干涉孩子的活动，以强者的姿态支配孩子的生活，从来不考虑孩子真正的需求。**这样会使孩子觉得自己的活动是毫无意义的。但是，成人面对其他人，即使是用人，也会用"麻烦您""请问"等礼貌用语来打断别人的计划，孩子在场都能听到。**这样做的结果是，孩子觉得自己是低人一等的，他们的内心会产生自卑感。**

根据上面的分析，**让孩子按照自己的计划去实施，对孩子的发展来说是非常重要的。**随着孩子的成长，他们总有一天需要为自己的行为担负起责任，但是这都是建立在孩子完整的行为模式的基础之上的，同时还需要孩子能够判断行为的意义。但是孩子很容易觉得自己的行为都是徒劳的。有一个父亲曾抱怨过，觉得自己无法唤醒孩子的责任心和自我控制力，但是实际上，正是他自己无意中摧毁了孩子行为的计划性和孩子的自尊。孩子不能感知到自己的尊严，而是模模糊糊地认定了自己的低微无能。责任心的第一要素是对自己满怀信心，确定自己可以掌控自己的行为。再没有什么比确认自己的无能更令人颓废的了。这就好像让一个不良于行的人和一个体育健将比赛跑步一样，他根本没有勇气参与，如果我们让一个虚弱无力的人和一个职业拳击手一起比赛，他也一定会拒绝。他们在尝试之前就打起了退堂鼓，无须验证就确认了自己的无能。

　　成人总是习惯性地打压孩子对自我的认可，让他们坚信自己的无能，压制他们想要努力的渴求。成人不但会打断孩子的行动，还会告诉孩子："你做不到的，别自取其辱了。"如果这个成人是粗鲁的，甚至还会说："你笨死了，为什么非要做不可呢？你不知道自己是个笨蛋吗？"这种言语上的打击会也会抑制孩子的个性发展。孩子会觉得他的行为毫无意义，会否定自己，觉得自己事事无成、呆头呆脑。这种想法一旦萌芽、生根，沮丧和自卑就会产生了。如果我们发现是一个比我们更强大的人阻挠了我们做自己想做的事，那么我们就会告诉自己，有些人比我们差，我们可以重新开始。但是，**如果我们让孩子觉得他自己是无能的，那么孩子的心灵就会受到伤害，他们会慢慢变得胆怯、冷漠和恐慌**。当这种情况发生时，这些消极的感受会构成一种内在的障碍，被精神分析学家称为"自卑"。这种精神上的障碍让孩子面对他人时缺乏信心，并在内心留下阴影，让他们缺乏面对社会考验的勇气。

　　自卑会让孩子畏首畏尾，一旦遇到困难和他人的批评就会马上放弃，并表现出悲观消极的情绪，甚至会因为痛苦而潸然泪下。

　　自信和责任感是孩子最明显的特征之一。前面我们举过一个例子，来访者弄错了时间，在休息日到儿童之家拜访。本来这些来访者都失望了，孩子们却主动地打开了教室门，在老师不在场的情况下进行接待。这些孩子向来访者展示了美好和谐的个性，他们并没有乱用自己的能力，相反是建立在对自己能力的了解和控制之上才形成的。**他们了解自己的任务，并能适时调整行为的顺序，用最简便的方法完成了任务，同时认为自己做的一切都是正常的。**

　　还有一次，意大利王后来校拜访，有一个孩子正在专注地拼写，当王后站到他前面让他拼写"意大利万岁"时，他也丝毫没有受到干扰。尽管这个孩子听到了王后的话，但是他仍然用正确的顺序将刚刚拼写的字母复原了。出于对王后的尊重，我们希望这个孩子停止自己的学习，遵从女王的要求。就在这时，我们观察到一个细节：这个孩子先按顺序还原了字母，然后又拼写了另外的词汇，接着才拼出"意大利万岁"。**作为一个4岁的孩子，他能表现得如此从容不迫，像成人一样控制自己的行为和情绪，俨然是一个小大人了。**

（七）恐惧感

　　恐惧，这种心理偏差也可以当作孩子在童年时期所特有的天性。

　　当我们谈论一个充满恐惧的孩子时，都认为他们的恐惧并非是由于外在的环境，而是自己内心坚不可摧的障碍，就像羞涩一样，恐惧也是孩子性格的一部分。有的孩子总是小心翼翼的，长期被恐惧笼罩。而另一些孩子在面对危难时，表现得泰然自若和奋勇向前，但是其他时候也会展现出无故的恐慌，并且很难战胜这种恐惧。这一类心理状态可能是由于曾经受过的刺激，比如他们不敢过马路，惧怕床下会有猫，害怕看到鸡。

更准确地说，这些症状与精神病学里的恐惧症类似。而那些"依赖成人"的孩子身上所表现的恐惧尤为明显。成人为了获得孩子的服从，利用孩子混沌的意识，成功地让孩子形成了对黑暗的畏惧。这是一种非常恶毒的方式，它不仅加深了孩子对黑暗天然的畏惧，更在其内心产生了阴影。

想让孩子从这种恐惧中解脱出来，就一定要让他们与现实接触，用心体验环境，才能真正地认识这些令他们感到恐惧的事物。在我们的儿童之家里，孩子们从来不会恐惧，日常也没有任何恐惧的表象，这就是最好的证明。

一位西班牙名作家曾经记录过这样一个故事，在他的4个女儿中，小女儿是我们蒙台梭利学校的学生。如果碰上狂风暴雨、雷电交加的日子，所有孩子都会害怕，只有小女儿不害怕，她甚至会带着姐姐们在电闪雷鸣中穿越障碍，来到父母的房间寻求保护。小女儿不会无故地恐惧，这给了姐姐们很大的心理安慰，只要她们在夜里感到害怕，都会找小妹妹来驱散内心的恐慌。

这种恐惧的心态，不同于面临危险时出于自我保护的本能所产生的正常的恐慌，后者大部分都发生在成人身上。这当然不只是因为成人活得更久、经历更多。**实际上，以平常心面对危险是孩子的突出特征，甚至我们可以说孩子在这方面比成人人做得更优秀**。孩子们很容易碰到危险情况，当他们乱穿马路的时候，当他们四处攀爬的时候，他们甚至会跳进江河湖海，冒着生命危险去学游泳。在无数挽救或者试图挽救同伴的例子中，很多孩子表现出了英勇的行为。

在这里，我要举一个例子。美国加利福尼亚州的一家医院的盲童病房发生了火灾。人们发现，这次火灾的遇难者中还有一些视力正常的孩子，那是因为他们从另一栋楼冲到盲童房间去救援那些盲童。在童子军还有巴利拉这种儿童机构里，从来不缺乏值得赞美的小英雄。

可能有人会提出质疑，孩子们表现出的英雄气概是否是从正常的教育中获得的呢？在正常的教育中，我们并没有看到孩子英勇的行为，除非我们灌输一些伟大的理想，但是它们的表现形式与真正的英雄表现天差地别。比如前面说过一个小男孩因为墨西拿的地震，在黑板上写下了"如果我现在是大人，就可以帮助他们了"，这就是一种崇高的理想。

然而，在孩子们的日常生活中，他们都需要谨小慎微，从而避免危险。这会促使孩子早熟。实际上，孩子们在很小的时候就能使用刀叉，能够自己生火，单独去水边玩耍也很安全，甚至可以独自过马路。总之，**孩子已经学会如何把控自己的情绪，控制自己的行为，同时避免盲目的冲动。因此，正常化并不会给孩子带来任何危险，而是让他们保持谨小慎微，从而认识危险和消除危险。**

（八）影响健康

心理偏差所带来的一系列外在表象，其中有一些会通过生理紊乱表现出来，这是因为心理紊乱影响了生物的身体机能。随着精神分析学的发展，医学界开始深入了解心理紊乱带给生理的影响。有一些生理的缺陷究其根源是在心理。这其中有一些生理机能受损，比如消化系统的混乱，给孩子带来了很大的不良影响。那些精神饱满、生机勃勃的孩子在吃饭时总是风卷残云、大快朵颐，这种消化功能紊乱一般很难被察觉。孩子常常因为控制不住食欲而进食太多，说好听点儿是"胃口好"，但是最终会引来生理机能的恶化，最终只能向医生求助。

经过前期研究我们发现，身体内部存在一些不利的生理倾向，即对食物需求过度，这会给身体带来一定的负担。这种生理倾向显示人已经失去了对食欲的控制力，因为正常的饮食能力除了让人们三餐正常，还能让人懂得恰如其分。同样的状况也会出现在动物的生理反应上，动物的饮食习惯就是受生存本能的引导（本书后面会做出详细的讲解）。这种生存本能有两种表现形式：一是规避环境中的风险，二是控制自身的食物摄入。动物的这种本能引导着它们去追逐食物，同时也会限定摄入量。应该说，这是所有动物都具有的明显特征之一。任何动物的食量都是依照自己的生理需求设定的，而这种定量的控制就是自然赋予它们的本能。

但是，人类在食物供给足够的时候会无节制地大吃大喝，而有些食物对健康是不利的。我们有理由相信，是心理偏差影响了我们对食物的敏感性。这也是为什么那些有心理偏差的孩子身上会出现明显的偏食症状。对于这些有心理偏差的孩子而言，食物的外在形态并不重要，只要香味袭人就会引导他们暴饮暴食，因为他们身体内在的敏感性已经被侵蚀，甚至完全消失了。

在我们的儿童之家，只要孩子的心理偏差得以恢复，那么饮食也会随之恢复正常，他们感兴趣的不再是食物本身，而是如何用正确的姿势进食。恢复对饮食的敏感性以后，孩子就会发生翻天覆地的变化。接下来我们会用实际的生活场景向大家进行说明。

当我们准备就餐时，不论食物的香味有多么吸引人，孩子们都会按部就班地完成餐前准备工作——围好餐巾，观察餐具，了解使用方法，甚至有时候还会关注比自己更小的孩子，确保他们的正常饮食。有的孩子甚至会因为没有被安排出来值日——帮助其他人进餐而觉得很沮丧，因为吃饭这件事情对他们而言太容易了，远没有其他的工作具有挑战性。

当然除了暴饮暴食，那些食欲减退的孩子也可能与心理偏差有关。有一些温顺的孩子会突然无缘无故地不吃饭，很多成人都会抱怨自己的孩子挑食、不爱吃饭。而最明显的症状实际上出现在那些贫困饥饿的孩子的收容所，大家都会想当然地认为，只要食物丰富，这些孩子就会大快朵颐。但是现实情况刚好相反，因为这些孩子已经由于身体的长期饥饿引发了生理机能的衰败，任何的治疗措施都将于事无补。食欲减退的孩子是不能和那些消化不良的情况相提并论的，因为后者完全是器官的功能减退导致的。

我们在这里讲的是因为心理原因引发的食欲不振。造成这种心理的原因，可能是孩子不愿让成人喂饭，或者是成人强制性地让孩子按照成人的速度进食。实际上，孩子吃饭是有自己的节奏的，育儿专家也肯定了这种节奏。通过观察得知，**孩子们吃饭时会细嚼慢咽，而且断断续续的，不会像成人一样一次性吃完**。这一点没断奶的孩子表现得更为明显，他们吃奶的时候会停一停再接着吃，这种中途停顿并非因为吃饱了，而是需要中途休息。

由此我们可以得出一个结论，**如果我们总是强迫孩子吃饭而忽略了他们自身的规律，就会引起孩子的内心抗拒**。但是现实中，成人并未意识到这个严肃的事实。比如一个孩子总是食欲不振，他脸色苍白，任何医学治疗或者运动、阳光都毫无帮助。在这种情况下，我们会发现这一类孩子的依赖性非常强，长期处于成人的羽翼之下，而正是这些成人压制了他们的自然发展。所以，食欲不振的孩子想要治愈，就必须要摆脱成人的控制，回到自由和活力的自然环境中，以此来摆脱这种造成心理偏差的极度依赖。

其实在日常生活中，人们通常会忽视内心与外在的联系，大家普遍的认知都是，我们身体的外在症状与内在精神没有什么关系。

回归到孩子身上，我们会发现情况是相反的，心理偏差导致了孩子的暴饮暴食。从现代科学的角度来看，精神分析理论与我们说过的生理本能出现缺陷是因为敏感性的缺失这一观点不谋而合。

我们所有的生理疾病可能都源于心理上的异变，因为生理状态与人的心理健康息息相关，而不规律的进食则有可能让人们遭受各种疾病的侵袭。还有一些时候，我们感觉到的生理不适可能只是一种表象，追其根源还是因为心理不适。精神分析里面有一种常见疾病是神经官能症，这种病的发生主要与心理社会因素有关，发病时会有真实的生理反应——头痛、失眠、心悸、腹泻等，但是却没有任何可以查证的器官病变。人们可以借助疾病，让自我从烦恼中得到解脱，而且这种疾病会抵抗药理学的治疗，除非从心理上消除病因，病人才能得到康复。

所以我们可以这样推断，如果给孩子提供一个自由的环境，推动他们去参加正常的活动，那么他们生理上的不健康可能会像心理偏差一样逐渐消散。现在很多儿童教育学专家都对我们的儿童之家表示了认可，认为我们提供的环境非常适合孩子，所以如果孩子有官能性疾病，当正常的治疗手段都于事无补的时候，可以让孩子来我们这里试试，一定会让你叹为观止。

（九）说谎

心理偏差所有的外在表现都不是独立存在的，它们就像来自同一颗大树的分支，拥有着相同的起源。要克服心理偏差，就一定要从源头解决。但是目前，教育学和心理学都倾向于将这些心理偏差看成独立的存在，需要各个击破。

这一小节我们要讲的偏差表现是说谎。谎言是我们给内心定制的伪装，而这些形形色色的谎言就像我们给心灵蒙上的五颜六色的衣服一样，每一种都有自己独特的定位。谎言分为正常和病态两种。精神病学完整地阐述了与癔症有关的难以控制的说谎行为，这种病症的表象就是所有的语言都是谎言，完全掩盖了内心。

此外，精神病学对孩子在儿童法庭上的谎言也有研究。孩子在法庭上撒谎可能只是下意识的表现。同时我们发现，那些心灵纯洁的孩子说出的话几乎就是真理的代名词，但是他们也会真诚地"作伪证"。犯罪心理学家通过研究这种现象，得出一个结论，孩子的内心依然是真诚的，他们的谎言源于精神错乱，并且会因为情绪波动而加剧。

但是不论说谎是多发事件还是偶发事件，通过谎言掩盖真实，与孩子尝试用自发的防御去遮盖自己撒过的谎是完全不同的。当然，正常的孩子在日常生活中也会有一些自我防御性的谎言。我们可以试着将谎言当作人类的发明，它诞生于人们对于某种事物的幻想，而且我们会因为谎言被他人当真而体验到乐趣。但是说谎并非是骗人或者为了谋求一己之私利。这样一来，说谎成了一种艺术行为，如同演员过分投入角色而将自己代入了一样。

有一天，几个孩子向我讲述了家里的事情。妈妈邀请了一个特别的客人来家里吃晚饭，为了宣传吃生食，她还亲手制作了富有维生素的蔬果汁，并且大获成功。客人表示非常满意，说自己会一直饮用蔬果汁，还会将这种饮料分享给身边的朋友。这个故事情节丰满、趣味十足。我忍不住询问那位妈妈是如何制作蔬果汁的，结果她告诉我，她从未做过蔬果汁并且想都没有想过。这一切都是因为孩子丰富的想象力，但是这个听起来如此真实的谎言除了让孩子得到虚构事实的乐趣外并没有其他目的。

孩子的这种谎言与那些因为不愿思考而随口说出的谎言是截然相反的。但是有的时候，一些奇妙的推理也可能会催生谎言。之前有个6岁的孩子被临时送到寄宿学校生活，他当时的班导觉得自己完全可以胜任这份工作，并且十分看好这个孩子。但是这个孩子却在一段时间之后同自己的妈妈诉苦，觉得这个班导对他太严格了。妈妈到学校找校长求证，事实却是这位被指证的老师对这个孩子非常偏爱，且对他多加照顾。妈妈回到家后，斥责孩子不该撒谎，孩子却辩解道："这可不是撒谎，毕竟我总不能说我讨厌的是校长吧！"这样看起来并不是孩子缺乏批评校长的勇气，更准确地说是他倾向于向权势低头。这表明了孩子的圆滑让他能更好地适应环境。

那些性格懦弱且温顺的孩子常常因为一时冲动而撒谎。这种谎言并没有经过仔细推敲，更没有加上自己的幻想，只是一种防卫本能。这些谎言更加单纯和不假思索，所以很容易被成人看破，但是会令成人更恼火，从而忽略了孩子撒谎的动机其实是为了防卫成人的攻击。成人借此斥责孩子的懦弱和自卑，认为这种毫无意义的谎言代表了孩子低劣的品质。

这种无伤大雅的谎言往往起源于幼年，并且在成长过程中不会完全消失。当然，小谎言不是心理偏差，更不会随风消散。**想要让谎言消失，需要的是一种重建。明确的观点、与环境的互动、自由的精神世界以及对那些高尚事物的浓烈兴趣都是心灵重建的适宜环境。**

实际上在现实生活中，谎言无处不在，而且很难根除，除非来一场激烈的改革。儿童之家的孩子却因为他们完全的真实，不够适应社会的生存法则，而在进入普通学校以后被指责没有礼貌和服从力差。实际上他们的老师并不认同这一点。在现实中，和谐的社会关系和秩序感都是建立在谎言的基础上的，而孩子们这种久违的真诚就倾覆了普通学校教育所创建的道德之屋。

心理分析在人类心理研究的重大贡献就是解释了不自觉适应的伪装。这是成人的伪装，已经成了生活中不可或缺的一部分，就像一件重要的外衣，或者也可以说，这件防卫性的外衣保护和掩盖了正在施展力量的重要系统，这可不是孩子那些无伤大雅的小谎。伪装是感受的谎言，是为了生存而产生的谎言，或者说是内在天性与外在表象发生冲突时不得已而产生的谎言。为了摆脱这种充满冲突的世界，我们的内心必须适应环境。

成人对孩子的态度也是一种极其特别的伪装。成人将自己的需求摆在第一位而忽略了孩子的需求，但是他又羞于承认，于是他们成功地劝服自己用与生俱来的权势去压制孩子，并告诉自己这都是为孩子着想。孩子因此产生了防御性抵抗，成人却意识不到，反而将这种抵抗视为任性或者有害的倾向。于是，公理和正义的声音逐渐衰退最终消散，最终被闪耀而坚实的伪装所代替。这种伪装有各种面具：责任、权利、谨慎等。

爱与恨是心灵的不同状态，就像水的状态既可以是固体也可以是液体。所以这种伪装实际上就是心灵的谎言，让人们与偏差的社会相处融洽，最终就会让爱火熄灭，只遗留下恨。

这就是隐藏在潜意识最深处的可怕的谎言。

第三部分

孩子与社会

大自然的
生命规律

孩子的个性想要得到发展，就一定要摆脱对成人的依赖，同时还需要具备一个合适的环境，使得孩子能通过环境自由地发展自己。

一、工作的本能

我们在认识孩子的本性之前，对于控制孩子内心生活的规则毫无了解。敏感期在孩子成长过程中是重要的一环，正是因为它的存在，才让人类成为现在的模样。由此可见，对敏感期的研究可能会对人类的未来产生重大的影响。

孩子能够正常发展取决于他们与环境之间的和谐相处，而孩子的个性想要得到发展，就一定要摆脱对成人的依赖，同时还需要具备一个合适的环境，使得孩子能通过环境自由地发展自己。这就好比我们想让孩子断奶的同时，一定要为他们准备代替母乳的辅食（如谷物类、蔬菜水果类等）。

当我们在谈论孩子独立自由的时候，成人一致认为孩子应该摆脱依赖心理，却没有为孩子准备合适的发展环境，这显然很荒谬。就像我们懂得给婴儿准备科学健康的辅食一样，为孩子准备适宜的环境也是科学教育的一部分，孩子自身的精神发展已经初具轮廓，只需要借助环境，他们就可以进一步完善。

通过对孩子各方面的观察，我们可以得出一个结论，工作有助于孩子恢复正常。这一点可以通过对孩子的无数次实验得到证实，这完全称得上是心理学乃至教育界所掌握的最准确的数据。孩子的活动天赋就是一种生机盎然的本能，会帮助他们形成自我的个性，还能让他们保持正常的成长轨迹。工作对于人类来说至关重要。工作可以塑造自我，不论是生理的健康还是外界的关怀，都无法取代工作的地位；而另一方面，奖励和惩罚也不能匡正已经产生偏差的心理。我们用自己的双手进行工作，用来展示自我的意识和思维，在这个时候，环境是非常重要的。孩子的这种工作本能说明了一件事——工作就是人类与生俱来的本能。

工作对孩子至关重要，它代表着崇高的满足感和自我的认可，但是成人对工作有抵触情绪，很多人都认为工作是环境的过分要求造成的。实际上这是因为成人社会的工作是建立在一个畸形的基础之上的，它建立在人性的偏执之上，跟着又被利欲熏心和权欲横流所诱导，导致这种本能成为被压制的特征，最终工作沦为背离正轨的人们斗争的工具。工作不再是享受，而是一种约束性的劳动，最终它不再是人类发展的助力，反而为人们带来了强大的精神压力，让人们反感。

然而，一旦特殊的环境出现，人类内心的工作本能会再次产生冲动。这种本能让人无力抗拒，最终帮助我们摆脱依赖，独立地工作。就像那些伟大的发明家、艺术家和探险家，他们的工作对人类的文明进步产生了重大的影响。换一种说法，人类的工作天赋拥有出类拔萃的能量，这种能量可以让人重新找回自我彰显的物种本能，这种物种本能就像一股从天而降的甘霖，带着渴望冲破阴霾，用清新的水汽滋润了人们贫乏的心灵。正是由于人类的深切渴望，才推动了人类文明的进步，才让我们得以正常工作，从而建立起人类社会的环境。

毋庸置疑，工作不仅是人类的显著特征，还与那些能推动文明和创造环境的能量有关。

但是在这个创造的环境中，人类却没有将自然生活计算在内，这点着实令人疑惑。当然，这个环境并非完全的人造环境，因为它超越了自然。人们会慢慢地适应这个环境，并将它视为人类发展不可或缺的因素。

我们可以将人类文明史类比为生物的进化史，在这个进程中，很多新物种得以出现。动物经历了从水生到陆生的进化过程，两栖动物则是中间的见证者。人类的进化与之雷同，人类在自然环境中处于两栖状态，并随着超自然环境的诞生，进化成为最终的形态。今天的我们不仅依赖于自然，而且充分应用了自然和超自然的能量，这种超自然的力量被我们所掌控。

人类在这些举足轻重的环境中逐渐过渡，为自己缔造了全新的环境，并且极度依赖于自己的创造。大自然对待人类和对待其他生物是有区别的。大自然会给其他生物提供帮助，比如鸟儿可以在大自然中获得食物，还能自己筑巢。而人类却无法从大自然中获得现成的东西。于是我们不得不依赖同类，群居群食，为群体贡献自己的微薄之力，人类也得以生存在自己创造的环境——

超自然的环境中。

虽然人与人之间相互依赖，从而获取生活所需，但是我们有支配生活的自由，可以做自己生活的主人。我们不用屈从于自然变化，而是独立于变化之外，只依附于人类社会的时过境迁。人的一生会遇到各种凶险，这些凶险都来源于人且只存在于人类自身。

有意思的是，我们证明了孩子具有热烈的工作本能，而孩子个性的发展受到了正常状态和工作之间的密切联系的影响。

人类的这种工作本能已经被证实是一种天赋。大自然鞭策人们凭借自己的力量去创造某种东西，借此证明自己的存在。由此可见，人类也为宇宙的和谐运行贡献了自己的力量，如同地球上的其他物种一样。就像珊瑚形成了珊瑚礁，影响了环境和生态；昆虫通过授粉，帮助植物繁衍；还有的昆虫会采蜜或产蜡，甚至会吐丝等。

每个生命体都有自己的伟大使命，它们用自己的工作维持着环境的正常运作，地球因这些工作而得以持续存在。所以，我们也可以将地球上有生命的生物称作"生物圈"。生物通过工作维系着整个地球，正是因为它们才建成了和谐的生存环境。

实际上，生物的产出远多于它自身的生理需求，而它们不仅是工作者，也是规则的恪守者，而人类作为世界上最高级的工作者，也必须恪守规则。人类建立的这个"超自然"的环境，产出也是过剩的，因而这个环境早已跨越基础的生存问题，更符合宇宙的规则。

由此可见，人类的生产并非由个体的需求来鞭策，而是由自身的工作本能来完善。想要培养一个孩子的正常发展，就一定要注意与他的自身本能的紧密联结。

二、孩子和成人之间的冲突

成人和孩子之间的冲突和矛盾一旦产生，会造成非常深远的后果，就像石子在平静的湖面激起了涟漪一样，会向外扩散久久不能平静。

这一现象是由病理学家和精神分析学家在寻求生理和精神的病因时的发现。精神分析学家们在寻求疾病根源的时候，必须经历一段很漫长的道路，就像唐僧西天取经一样，必须长途跋涉、历经劫难后才能到达心目中的净土。而那些研究人类灵魂中瑕疵、无能、对抗以及性格扭曲的来源的科学，也必须跨越表面的原因，跨越那些一目了然的原因，才能到达那片净土——孩子的身体和精神。

但是，我们也可以反其道而行之，从源头开始，研究孩子的心理。循着生命的河流翻腾向前，沿着雄浑的大山长驱直入，穿越种种屏障，在坎坷不平中回旋，最终奋勇向前，即使遇到任何危险也不退缩。

如果对成人造成困扰的生理和心理上的疾病能够从童年时期

找到答案，那么我们就应该悉心观察孩子们的生活，试图找出那些最早的疾病的细节表现和病灶。

　　另外，我们还应该考虑一个现实问题，那就是任何一种重疾都会有无数症状较轻的并发症。所以，最终治愈的人远多于因疾病而死的人。很多生病的人都会表现出抵抗力低下，但是有一些没有生病的人的身体也很虚弱。当然，我们也可以将这种引发疾病的不良环境比喻成大自然中四处流动的水。如果我们想了解这个水资源有没有受到污染、是否适宜人类饮用，并不用对所有的水进行检验，只须取样化验即可，如果样品受到了污染，就能确定整个水源都已经被污染了。所以可以断言，如果有人死于疾病或者有人发疯，那么整个人类就都有问题。

　　成人有自己艰苦卓绝的使命，但是要放弃这个使命比完成这个使命更加让他们为难。但是如果成人想要更好地了解孩子，适应孩子的成长节奏和内心需求，那么成人就必须放弃自己的使命。另一方面，成人复杂和充满压力的环境已经完全不适合孩子。

　　让我们试想一下，在原始社会，生活安宁而从容，孩子们置身其中也能感受到平静。他看着成人从容地工作，周围都是家养的小动物，他可以自由地观察；他可以触摸生活中的所有物品；他也可以尝试自己活动而不会有人阻止；困了、累了，他就可以在大树下休息。

　　但是，随着文明的推进，孩子通往社会生活的大门已经被关闭了。一切都变得墨守成规，过于局促和快速。成人一再加速的生活节奏阻碍了孩子，机器的出现更是夺去了孩子观察细节的权利和机会，他们的生活已经失去了主动性。照顾孩子更多的是避免让他们从外界受到伤害，似乎孩子是一个伤患、一个可怜的奴隶。没有人为他们创造合适的生活环境，更加否认了他们活动和工作的权利。

所以，我们一定要认识到这两种不同的生命形式，并且从中意识到两个社会问题——成人的社会问题和孩子的社会问题。成人和孩子的工作是整个人类生活中不可缺少的环节。

三、成人的工作

成人在社会上的使命就是在自然的基础上创造一个新环境，而这个任务要求人具有主观能动性和大智慧，即生产劳动的工作。生产劳动的概念是指集体有组织的共同劳动，每个人都有自己的劳动指标，为了达成指标，必须有组织、有纪律地进行工作。这个纪律就是指社会准则，社会强加给人们共有的规则并让其遵守，如果离开这些规则，社会生活就会变得混乱无效。但是这种规律也并非完全相同且一成不变，它会随着人群所处的地域以及时代的不同而有所不同，当然这并非人类社会的唯一规律，还有一类规律是人类天性的基础规律和工作本身具有的规律。这些规律不会因为人群和时代的不同而有所区别，其中一条就是所有需要工作的生物都必须遵守的劳动分配的规律，人类社会非常需要这个规律，因为人类的劳动量应该按人分配。另一条就是关注个体的工作效率问题，就是用最小的努力获得最多的回馈。后面这一条规律极其重要，因为它不仅说明了人们想要减少工作量的愿望，也推动人们努力提高自己的工作效率，达到事半功倍的效果。这条规律不仅适合人类，也适合目前取代人力的机器。

上面介绍的规律都是符合社会与自然的"有效法则"，除了这些有效法则以外，人类社会中还有一些事物是按照恶性竞争的规则来进行的，因为地球上的资源是有限的，不能满足所有人。

于是，人类的劣根性就出现了，剥削他人的劳动取代了分工劳动。让别人更努力的想法替代了之前的自己少努力的想法——"让他们努力吧，这样我就可以多休息，同时也能从别人的劳动中获益。"而随着"资产所有权"这个概念的伪装，人类工作概念的退化与"有效法则"共同构成了成人社会的形态。

从孩子的角度来说，他们生活在成人世界。孩子要求的陪伴和自由互动永远与成人的劳动相冲突；他们也无法在社会中发挥自己的主观能动性。实际上，我们应该明确一个事实，那就是孩子无法参与成人的社会劳动。如果我们将体力劳动描绘成铁匠打铁，那么孩子肯定无法胜任这个工作；如果我们将脑力劳动描绘为科学家在一项困难的研究中使用精密的仪器，孩子自然也无法胜任。或许，我们可以想到一个立法者正在制定最好的法律，那就是孩子永远无法取代成人。

所以从本质上来讲，孩子已经被排挤在成人世界之外。孩子不属于成人社会，他是一个超社会的人，不能使自己适应于这个人为建造的社会。孩子既不能参与这个社会额的社会劳动，也不能参与这个社会的社会组织，甚至可以说，孩子是这个社会中既定秩序的破坏者。孩子是不合群的，因为他们会无休无止地影响成人的生活，包括自己的家人。孩子天生好动，这使得他们无法适应成人的环境，但是孩子不会放弃这种特性。

基于上述的原因，成人习惯性地压制孩子，教育他们保持安静不要影响成人，直到他们习惯于这种压迫而变得温顺。如若不然，成人就会将孩子送离自己身边，去别处生活——要么是为这些孩子特制的"监狱"，要么是所谓的幼儿园和学校。孩子一直在那里生活，直到不再扰乱成人的生活，才会被我们的社会重新接纳。在这个过程中，成人要求孩子必须完全顺从，就像那些犯罪后被剥夺政治权利的人一样，毫无自我。成人就是孩子的王，孩子必须听命于成人，而且不得提出反对意见。

孩子赤条条地来到这个世界上，成人既是孩子生命的创造者，也是孩子生命安全的守护者。这个世界上只有孩子是完全依赖别人而生活的。

四、孩子的工作

孩子也有自己的工作，也是生产者，虽然他们在成人的世界里受到排斥，但实际上他们本身有着一份重大且繁重的崇高工作——塑造自己。所有人都是由羸弱、没有意识、不会表达、不能走动的孩子一步步成长为拥有完美体形和独立意识的个体，心智也随着环境的滋润慢慢地散发出迷人的光芒。这就是孩子们的工作结果。**孩子们塑造自我，完全是亲力亲为，任何人都无法取代。**

前面我们已经说过，现在生活的社会秩序由成人创造，而孩子们被排斥在这种秩序之外。但是，如果成人妄图进入孩子的世界，干涉孩子的工作，孩子也会反抗，并且有过之而无不及。孩子的工作有独有的特点和规律，与成人的工作出自截然不同的控制力，甚至有人认为，成人的工作和孩子的工作是互相矛盾的。

孩子的工作受神圣的精神力量的支配，悄无声息地完成。这项工作充满创造性。那么，人究竟是怎么被创造出来的呢？人又是如何获得力量与智慧的呢？每个人出生时都身无长物，但是我们能从孩子身上看到成长的过程，而这个堪比奇迹的过程每天都在我们的身边发生，而且会在所有人身上不断重复，其他生物也是如此。这种"成人"的创造过程就是恒久的生命之源，生生不息。

在现实面前，我们可以认定"孩子是人类之父"，成人的能量都来源于孩子所拥有的"塑造成人"的潜力。但是，一定要让孩子自由地工作。仅仅靠思考和休养生息，孩子是不可能发展成一个新人的。相反，他必须积极主动地工作，通过重复练习塑造自我。同时，我们要弄清楚一个事实，那就是孩子也会利用成人世界来完成自己的工作，并且通过建设性的活动不断扩展自己的外部环境。这些练习和工作会帮助孩子累积经验，让他们可以协调自己的动作，并且还能通过环境吸收情感并形成智慧。孩子在我们无法察觉的状态下坚持学习，最后掌握了语言；他们还学会了走路，并且能够自由地奔跑。

孩子的成长过程有特定的进度和时间安排，他们会严格遵循，就像行星都有自己独特的轨道一样。孩子的身体会一天天地长高，智力也会随着年龄的增长而增长。孩子严格遵守这种成长计划，我们也会科学地预测他们在特定的年龄会达到的身高和智力的水准。孩子们的成长中交汇着实验与尝试、经验与挫折，他们必须经过不断的尝试和长期的斗争，才能完成成长这个艰巨而光荣的任务。实际上，**成人创造了新的环境，而孩子创造了人类本身。成人的完美无缺取决于孩童时期的努力工作。**

从另一个角度讲，成人也仰仗于孩子。在孩子的工作领域中，我们服从与服务于孩子们，就像在我们的世界里面，孩子服从于我们一样。大家都是自己世界的主人，并且依赖对方。所以，成人与孩子各自为王却又互相依附，是不同世界的统治者。这也是人类为了和谐而存在的基础结构。

五、两种工作的比较

孩子的工作是由环境中的物体和行动所构成的，因此，孩子的工作可以成为科学研究的对象。在弄清楚孩子工作的方法和规律之后，我们就可以将孩子的工作与成人的工作进行对比了。它们的共同点在于，都直接作用于生活环境，且是自我积极主动的自愿行为。另外，成人和孩子的工作都不是盲目的，都具有一定的目的性。所有生命，包括植物，都不能脱离环境而生存发展，同时也不能因为自身利益而破坏环境，否则生命也就失去了存在的意义。

更准确地说，生命就是不断为环境重建提供更新的能量，避免环境被破坏，因此生命必须不停更新且富有创造性。比如，珊瑚从海水中提取碳酸钙，由此形成具有保护性的覆盖物，它们工作的目的就是，在创造的过程中，形成新的陆地。但是，珊瑚的这个目的并不直接，所以我们可以忽略陆地，直接研究珊瑚和珊瑚礁。对于人类而言，也是同样的道理。

每个带着使命成长的孩子都有自己的目的，而且这个目的非常明确。我们可以从不同的角度去观察孩子，最终会了解他们的一切，包括从生理结构到各项功能的所有细节。但是有一样我们无法了解，就是他们"成人"的最终目的。

我们的直接目的与长远目的之间的活动相去甚远，这也说明了工作是要利用环境的。

大自然会用一些简单的手段来揭示某些秘密。例如在昆虫界，我们发现了两种真实的劳动产品。一种是蚕吐丝织成的茧，人们会用这种柔软而有弹力的丝线纺成珍贵的桑蚕丝制品，另外一种是蜘蛛吐丝结成的网，人们只要碰到蜘蛛网都会急切地想要破坏它。当我们比较这两种工作的时候发现，它们虽然产物不同，但都是工作。由此我们认识到，虽然成人的工作与孩子的工作有所不同，但也都是真正的工作。

现在我们来说说孩子工作的特征。当孩子开始工作的时候，他们的目的是工作本身，而非某种外在目的。而当孩子反复进行某项练习的时候，并不会受外界环境的影响，即使他暂停工作也并非因为疲惫，而是因为孩子的天性是使劳动充满新的生机和活力。

可以说，**孩子进行工作是为了寻求内在的满足，这是他们内心成熟的一种表现**。正是工作的目的指引着孩子的工作，并形成了一种独立的内心活动。这种活动跟目的的关系并不密切。孩子喜欢重复性的活动是源于行动的执行和目标的完成，这一切必然有一个复杂的动机。由此可见，孩子工作的目的并非完善自身的外在行为，而是想构建自己的心灵，并且随着时间会增加重复练习的次数。这种通过精神胚胎传承下来的神秘规则就是孩子的秘密之一。

我们来看一下成人的工作和孩子的工作的区别。其中一个区别就是，孩子工作的时候并不看中"效率最大化"原则，不寻求事半功倍。真实情况完全相反。孩子可以为了自己的幻想而花费大量的时间和心力，每完成一个细节都花费了他所有的精力。外在环境与心理活动的改善之间存在着一种特别引人注目的关系，因为它会对成人的精神生活造成影响。当我们升华自己的内心以后，就不会再沉迷于外界的物质世界，而是利用环境达到完善内心的目的。反之，如果我们的内心没有得到升华，一个普通或者自私的人就会很容易受到外界的迷惑，甚至会为了追求外界的物质而迷失自我，即使抛去健康和灵魂也在所不惜。

还有一个区别就是，孩子更渴望独立地工作，拒绝成人的加入。他们一定要自主完成并且做到全面的发展。孩子的工作没有人能代替，他需要自我完成。比如一个20岁的人，就需要自我完成20年的成长。这种成长拥有既定的流程和时间规划，而大自然就是监督人，它会惩罚那些发展缓慢或功能畸形所导致的冲突（生理性疾病或者心理异常）。或者我们换一个思路，将大自然当作孩子的老师，孩子会绝对服从于这位老师，并顺着指引完成自己的工作。孩子的生理和心理都会按照大自然既定的流程发展，而孩子的心理如何创造发展是一个无法宣之于口的秘密，就像那些成绩优异的孩子从来不会宣扬他学习有多么刻苦一样。这些秘密只有在一些特别的时刻才能被发现，就像孩子需要通过老师安排的测试，就是需要额外的努力才能顺利完成发展的各个进度。这也就是所有的新生物种（从昆虫到人类）必须经历的敏感阶段。

敏感期非常特殊，同时它带来的所有特性在敏感阶段过去以后都会消失。还有其他的特别能力，比如表演能力，也会如同敏感期一样昙花一现。这些能力对于那些不再拥有的人而言，必定是不可捉摸的。或者可以说，我们在发展过程中的每一次收获都可以归功于敏感期，就好像学生除了要通过所有科目的测试之外，还需要在科目的学习上继续升级一样。

六、在活动中成长

敏感期是生物进化过程中最伟大的奇迹之一。敏感期仅存在于幼儿期，并且会通过内在指引帮助孩子获取显著的特征。孩子的成长其实是由这种暂时的本能精心引导的过程，而非物质的积累那样循序渐进，或者像遗传特点那样朦胧隐晦。这种本能会让孩子对特定的活动产生冲动，而这些显然与成人的个体活动不一样。事实上，我们可以这样区分这两种状态：成人会同时完成生理的发展和人类物种本能的肉体化，并促使自己在环境中展示出平稳的行动；然而，孩子缺少了物种本能，而是依靠其他可变且连贯的本能，引导自我来形成成熟状态的特点。

敏感性会短暂性地主导孩子的本能，让孩子了解环境的运行。而有的时候，这种敏感期会赋予孩子巨大的能量。人们的心理成长具有内在顺序并依赖于内在的活动。我们发现，孩子的感官也有着不同于成人的敏锐，比如他们比成人更容易注意到一些细微的变化和细节，因为他们的眼睛具有对色彩和空间感的敏感性。同时，孩子的秩序敏感性也很令人惊叹，他们对环境中的物品以及物品的位置非常敏感。正是这样的敏感性，支持着孩子随时调节成长的方向，而如果孩子体内缺乏这种敏感的本能，是不可能做到的。

　　成人与孩子的动机原则是有差异的。成人的生活都围绕着外界动机，要求辛勤劳作、自我牺牲以及令人疲惫的工作，而如果成人能够很好地完成自己的任务，那一定是他在作为孩子的时候就能够完成好自己的工作，才有机会成为优秀的成人。

　　随着年龄的增长，孩子逐渐失去了敏感性，被大自然判定为一个未能通过升级测试的小学生。而且成人不可能模仿孩子。

　　敏感性的感觉会推动孩子自然地成长发育，这种感觉充满热爱与理性，鞭策着孩子活出自我，用环境中吸收的营养滋养自己的灵魂，所以孩子的内心才能充满热情以及恒久的努力。

　　孩子的工作不会让他们疲惫，反而会增强活力。他们通过工作成长，并且生机勃勃。工作于他们而言并非负担，反而严格要求自己兢兢业业。完成任务才能延续生命，只有不断的工作才能让自己生存下去。

　　然而，成人并不理解孩子的工作，或者说成人并不理解孩子，他们总是阻挠孩子的工作，认为孩子在成长的过程中最需要的是足够的休息。成人为孩子做每一件事情，都是基于自己的工作原则——效率最大化。成人认为自己做起事情来更快更好，所以他们不会让孩子动手，而是自己为孩子穿脱衣服、洗澡、喂他吃饭，出门就抱着孩子或者将孩子放在婴儿车里，还会帮孩子整理房间。可是，只要给孩子一点儿机会，孩子马上就会宣示主权："我想自己做！我来整理自己的房间！"

在学校老师的教导之下，孩子学会了表达自己的需求："麻烦帮我一下，让我自己做吧！"这句话其实很矛盾的，孩子想要的帮助只是让成人袖手旁观，即让孩子可以独立地活动和进行工作。这样一个请求不仅表达了孩子自己的需求，还表达了他对环境的要求：环境必须保持活力。这个环境并不是提供给孩子去征服或者享受的，而是帮助他自我成长的。显而易见，这个充满活力的环境需要成人的引导。在这个方面，我们所指的既不是成人代替孩子完成一切工作，也不是让成人完全不干预孩子的自由。

和生理胚胎一样，精神胚胎也需要一个充满活力的发展环境。

所谓适合孩子的环境，并不只是给他们提供与其身高体形和体力相称的物品，这远远不够。成人必须意识到这一点，才能正确地帮助孩子。如果成人认为，给孩子提供帮助就是代替孩子完成他们的工作，很可能会带来致命的后果，这样一来，成人就成了孩子心理发展过程中最隐蔽和最有力的阻碍。人类与工作的第一次争斗就来源于成人对孩子工作的误解，以及两种工作之间的竞争，这也有可能是人类之间所有摩擦和战争的来源。

我们可以回看一下生理胚胎的组成。它必须存在于一个封闭的环境之中，才能得到保护，形态不被破坏。对于孩子的精神胚胎而言，我们也必须为它创建一个充满生机的环境。使孩子得到与他的身体相称并指定用于锻炼他的创造能力的活动工具，那是远远不够的。我们必须做更多的事情来解决这一问题。孩子不仅需要被满足，更需要自我发展来完善整个生命。可是成人没有意识到孩子需要最细致的关怀。人类已经在自然的基础上建立了"成人的世界"，而这也意味着我们还需要建立一个孩子的世界。照顾孩子是复杂而微妙的，我们需要做的事情远远多于母亲的觉醒或对保姆和老师的训练。

　　了解孩子的世界并帮助他们，势必会引起教育界的革新，同时会让教育专家都参与研究这个课题，直到形成全新的教育法。

七、主导本能

　　大自然中包含两种生命形态：成年形态和幼年形态，这是两种完全不同甚至对峙的生命形态。成年生活最主要的特点就是充满斗争，就像法国博物学家拉马克所描述的那样，不断与环境做斗争，或者是达尔文的生物进化论所描写的生存竞争与物竞天择，没实力的就有被淘汰的可能性，通过竞争实现优胜劣汰。

　　那些成年动物的世界其实与人类世界是相似的。成年的动物与人类都必须努力生存在世界上，避免天敌的侵害，还要通过工作不断地适应环境；同时它们还会因为性与爱而互相征服。达尔文通过观察，提出了"进化论"，得出了物竞天择、优胜劣汰的结论。而那些唯物主义历史学家也认为，推动历史发展的正是这些生存竞争。

　　当我们撰写人类的历史时，唯一能参考的材料就是成人的活动。但是在自然界中，我们观察到的刚好相反。无数生命在自然界中自生自灭，但是想要真正地理解生命，就一定要关注新生命。所有的生命在初始阶段都是脆弱的，需要不断地适应环境，因为它们的生理和心理都没有发育完全。所有生物的成长都是从幼年开始的。

一定有成人以外的生命，会表现出完全不同于强势的成人和环境之间所展示的形式和冲动。"大自然的生命规律"这一章讲述了生命的真谛，成人在生活中遇到的事情只是生命中的偶然事件。

我们通过对幼年生命的研究，洞察了自然界中最神奇的秘密，同时也明白了正是幼年生命的未知事实让自然更加绚丽多彩。生物学的研究揭示了物种的创造性和保存性，从而证实了生物存在指导性的本能。这种本能与生物和环境的直接反应以及本能的冲动是有区别的，我们将其称为支配性本能。

根据本能的不同目的可以将之分为两类：自我存在本能和物种存在本能。我们可以在环境与个体的冲突中找到这两种本能的存在证据。例如，斗争本能与自我存在本能是有关联的，会引发自我对威胁因子的反抗。而在物种存在本能中，也有一种由其他生物以性冲突的方法引起的短暂本能，而这些短暂本能因为其激烈性和限时性，生物学家会选择先研究它们，然后才研究长期的本能，也就是我们说的支配性本能，而且这些本能密切关系到生命本身所蕴含的强大的功能。

这些本能与环境的互动性并不强，它们属于生命的内在特性，就像我们大脑里的思想一样。或者我们可以接着比较，将它们当作生物内心具有引导性的神圣想法。由此可见，支配性本能并不是短期的、冲动的，而是以智慧为特征，引导生物在生命长途中突破自我、超越物种。

支配性本能指导和庇佑生命的过程是非常神奇的，无论是多么幼小脆弱的生命，其本能始终在不懈地发展。在这个阶段，生命还不具备物种的本性，无力反抗，更缺乏斗争的武器，甚至可以说没有生存的希望。而且这种支配性本能被母性和教育的方式所隐藏。但是当生命无法自救的时候，本能会引导生命步入安全的环境之中。

法布尔和一些现代生物学家将一种与母性相关的神奇本能看作物种生存的重要环节。而荷兰的植物学家和遗传学家德弗里斯则对一种与个体发展相关的本能进行了描述，可以参考其对敏感期的研究报告。

母亲作为物种的繁殖者，在保护幼小生命方面起了最大的作用。但是我们不能说母性本能仅仅局限于母亲，事实上父亲甚至其他人身上也有这种母性的本能。通过对母性的研究可以发现，这种本能有一种神奇的力量，它与生物实体并没有必然的紧密联系，并且这种力量对物种存在而拥有的能量与直接对象也没有必然的联系。

由此可见，母性与物种存在是相关的本能。它具有生物普遍的一些特征，母性也表示成年生物需要牺牲自我才能保证物种的延续。自然界中最凶残的动物在面对幼崽的时候也会表现出柔情关怀的一面，那些为了糊口或生命安全而不得不逃窜的鸟儿也会紧密关注自己的鸟巢，宁愿想别的方法逃过危险，也不会离开巢穴。当然，遗传也会让物种的特征突然改变。很多物种会为了给自己建巢穴而拼命地工作，但是这种情况只会出现在物种的某一个特定阶段，因为物种一旦成年就会根据自己的能力去适应大自然。母性会引导成年物种为新生儿建造庇护的巢穴。所有物种都会恪守一些特殊的指导，都不会胡乱敷衍地去建造巢穴，母性会给予生物有效的指导。比如，鸟儿们所筑的巢穴区别于其他物种，小小的昆虫更是神乎其神的建筑奇才，蜜蜂的蜂巢由完美的几何形构造而成，它们为哺养下一代而合力建造了这个神奇的王宫。

　　大自然中并不缺乏这样有趣的案例。大家都知道，蜘蛛会通过吐丝结网来保护自己。但是同时，蜘蛛在产卵之前，会先用蛛丝织一个卵袋，然后在里面产卵。这个卵袋不仅细密柔韧，而且保暖防水。有的蜘蛛还会将自己的卵袋随身携带。通过动物学家的观察和研究可以发现，蜘蛛非常在意自己的卵袋，甚至会因为卵袋被破坏而悲伤至死。事实上，蜘蛛如此紧紧地依附着卵袋，以至于卵袋似乎成了它身体的一部分。因此，蜘蛛的爱都集中在自己的卵袋上，而不是其中的卵甚至即将出生的小蜘蛛。应该说，蜘蛛没有意识到小蜘蛛们的存在，但是母性的本能促使这位母亲为了物种的延续而倾其所有。由此可见，这是一种无法抵抗的"无实物本能"，表现为遵从内心的引导去完成工作，爱其所爱。

蝴蝶终其一生都是以花蜜为食，其他的食物都无法诱惑它们。但是当蝴蝶到了产卵期的时候，它们并不会选择去花上产卵。蝴蝶本身的生存觅食本能会被母性本能所代替，它们会努力为新生命的诞生寻找一个合适的新环境。当然，它们自己对于这个环境毫无感觉，就如同它们不了解即将出生的新生儿一样。这些昆虫受到大自然的引导，尽管这个引导与它们本身无关。胭脂虫和某些昆虫产卵的时候都是将卵产在树叶背面，这样可以保护以树叶为食的幼虫。这种智慧型的反应会出现在很多昆虫的身上，它们仿佛天生就知道什么样的食物适合新生儿一样，也从来不会霸占它们的食物，甚至能预见大自然中的天气威胁。

于是，担负着保护下一代重任的成年生物隐藏起自己的本性，好像按了暂停键一样停止了自己的生命规律，对大自然中生命的创造这一奇观充满了期待。这些成年生物改变了自己的日常活动，仿佛在为新生命的到来而热烈庆祝。

大自然中还有一个伟大的奇迹——不具备任何生存经验的新生儿能够适应环境，并且抵御外界的伤害。他们之所以能做到这一点，是受到了短暂的本能——敏感性的指引。这种本能会指引孩子去战胜源源不断的困难，激发他们无法抵抗的动力。很显然，大自然并没有将保护新生儿的重任全权托付给成人。大自然有自己的规律，并且严格监督执行。成人在本能允许的范围内保障着物种的延续。就像鱼类和昆虫所表现出来的，成年生命和幼年生命的本能各自独立运作，父母和后代也是独立的。但是与此同时，对高级生物而言，这两种本能会随着两代物种的交汇而融为一体。同时，受到母性本能和新生儿敏感期的共同作用，父母和孩子之前慢慢形成了爱，而父母对孩子的爱会逐步扩大到整个社会，将所有的后代当作人类的延续而非某个人的延续。蜂群和蚁群等社会性昆虫中也出现了这种状况。

这种物种的延续是因为生机盎然的本能所带来的影响，而不是靠爱和牺牲得到保护。这种主导本能给予了物种生存的原动力。而物种对下一代产生的爱，有助于他们完成使命，并且能从这种对本能的顺从中感受到特殊的乐趣。

在成年物种的世界里，固有的秩序会不时地出现意外。由此可见，那些明显的秩序是难以改变的。但是随着新生命的诞生，这些无往不利的秩序就受到了挑战，它们被更崇高的东西战胜了，可以停下原有的步伐，甚至服从于与自我相矛盾的因素。成年物种暂停自己的步伐，全力以赴地推动新生命的规律性发展。生命就是在这样的暂停和更迭中得到了永生。

现在，可能有人会问，人类是如何遵循这些规律的呢？人类作为大自然中的高等生物，拥有所有低等生物的自然特点，又是其他生物的升级版。最主要的是，**人类凭借自己的智慧，给自然的规律增添了一层闪耀着理性的光芒。**

那么，成人的生命形态和孩子的生命形态究竟有哪些表现呢，又展现在哪些领域呢？事实上，这两种生命形态并不常见。这个世界是由竞争、适应和征服构成的成人世界。人类社会充满了征服与工作，似乎其他的事情都失去了光芒。而不断的竞争会削弱人类的精力，如果成人懂得为孩子考虑，那么就一定要学会换位思考。但是实际上，成人将孩子当作一个无用的人，并且避之唯恐不及，或者妄图通过教育让孩子过早地成熟，甚至直接用自己的意愿来压制孩子。这就好像在大自然中，蝴蝶会强制破开幼虫的茧让其飞翔，青蛙会将小蝌蚪拖出水面强迫它们用肺呼吸。

人类多多少少都用了类似的方法对待孩子，成人将自己最美好的一面展示在孩子面前，呼吁孩子模仿他们。但是成人却不理解孩子，也不知道孩子的成长需要与成人世界完全不同的环境。

我们来思考一下大自然中的矛盾之处。人类作为最高级的生命，充满智慧，富有能量，他们的工作能力超越了其他所有物种。但是，人类作为环境的创造者，对自己下一代的付出却远远不及蜜蜂和蚂蚁等低等生物。难道人类比不上这些生物吗？难道人类在面对这些令人震惊的现象时不会思考吗？

人类应该具备其他生物同样的感觉。自然界中的一切都是不会消失的，尤其是控制宇宙的力量，就算没有物质载体，它也不会消失。

那么，我们应该如何为孩子创造一个合适的环境呢？孩子应该处在一个美好的环境中，那里有最伟大的艺术且不会受外界影响；那里充满着慷慨与爱，给予人类无尽的精神财富。

是否有这样一个地方，人们可以在那里短暂的休息，改变自己的行为习惯，并意识到竞争并非是生活中不可或缺的组成部分？

是否有这样一个地方，人们可以在那里了解到生命的真谛应该是互相关爱而非相互压榨，懂得克制一己私欲才是生命的恩赐？

是否有这样一个地方，人们可以在那里打破环境中那些冰冷的规则和秩序，见证生命延续的奇迹，并且超越个体生命达到永恒？

世界上应该存在这样的地方，人们可以忘却竞争，保持纯真，追求简单与平静。我们需要在这样的平静中寻求更新的途径。

因此，人类必须具备一种全新的崇高的情感，它会召唤麻木的成人汇集到孩子的身边。

孩子是
人类精神的引领者

父母作为孩子的监护人，必须遵从爱的本能，跟随爱的指引，同时保证这份爱不受自私与冷漠的干扰。

Chapter 10

一、认识你自己

　　当下我们最重要的研究课题之一就是探求人类的主导本能。这个研究早已开始，我们在没有任何参考的情况下直接开发了这个全新的领域。但是，现在只是开拓了研究途径，未曾进行深入研究，因为到目前为止，我们只能证明它的存在并制订初步的研究计划。

　　针对这个领域的研究只能在发展正常的孩子身上进行，这种孩子可以自由地生活在适合他们的环境里，这样才能清楚地显现新的人性，让这种特点成为辩无可辩的现实。

　　如果世界上存在另一种我们不了解的本性，那么相应地也应该存在另一个不一样的社会组织，而让成人世界正常化的唯一线索就是教育。但是这种全新的社会组织并不是理论可以带来的，更不是个别组织的力量可以驾驭的，而是应该建立在旧的社会组织的基础之上，缓慢而又坚定地推进并慢慢革新。这个全新的社会是属于孩子的。并且随着新社会组织的诞生，新的发现和新生活所需的自然指引也会产生。所以，我们说理论和个别组织的力量无法驾驭，更不可能弥补旧的社会组织对孩子的压制和产生的心理偏差。不断滋生的邪恶无法被消灭，而正是人类的不正常引发了这些邪恶，最终导致孩子们无法遵循自然规律的发展，偏离了正常的发展轨道。

可以拯救我们的不明力量就隐藏于孩子的身上。

在当下，"认识自我"显得尤为重要，同时这也是生物学的起源。生物科学通过卫生学和现代医药学，帮助改善人类的身体指标，这也代表着以身体卫生为特征的新文明的诞生。

但是，人类在精神领域的认知还远远不够。人类对身体的认知来源于对尸体的研究，但是我们对精神的研究开始于对新生儿的研究。

如果没有意识到这些基础的问题，我们就无法推动研究更进一步，甚至人类可能没办法生存在文明社会中，更无法解决那些相关的社会问题，比如现代教育学的难题。想要完善教育，就要先让孩子正常化。一旦孩子正常化，不仅教育学的问题迎刃而解，其他问题也可以解决。并且我们还会由此得到令人意外的惊喜。

"认识自我"这几个字并不是我们看到的那么简单，背后还有其他的意思——认识指导人类精神发展的规律。目前，孩子已经清楚了路上的阻碍，得以成功地解决问题，而成人的问题也需要相同的解决流程。如果我们想独占美好的事物，采用不道德的手段反而会受到惩罚，因为美好的事物在发挥作用之前就被摧残了，进而会祸及生命安全。

由此可见，所有的美好都是一把双刃剑，所有的提升和发掘也会带来一定的险恶与困扰，就像机器的发明代表了人类社会的巨大进步，同时也带来了消极的影响。任何代表进步的发现也可用于毁灭、战争和满足人性的贪婪。科学不断发展，交通方式也在飞速进步，这在同时也加快了毁灭的步伐。除非可以保障整个社会中人类的正常化，否则我们不能完全依赖于环境。只有人类正常化以后，进步和发展才能给我们带来光明和幸福。

所以，**我们一定要依赖孩子，他们就是指引我们前行的航标**。所有想要为社会做贡献的人都应该求助于孩子，在将孩子拉回正轨的同时，还要从孩子身上学习神奇的秘密。从这个角度来看，孩子的形象变得高大且神秘，他们成了成人的人性导师。

二、父母的责任

父母并非孩子的创造人，而是孩子的保护者。父母必须尽到保护孩子的义务，并且毫无疑问，比其他的任务更重要。**父母作为孩子的监护人，必须遵从爱的本能，跟随爱的指引，同时保证这份爱不受自私与冷漠的干扰**。父母还应该对当前的社会问题有清晰的认识，为塑造适合孩子的世界而不懈奋斗。

近几年，我们一直在讨论人权，尤其是工人的权利。今天我们来说一说孩子的权利。工人权利这个问题已经发展成为社会转变的基础，因为人类工作时会表露自己的天性，所以工人权利与人性整体关系密切。如果我们将工人看作外部事物的创造者，那么人类就是孩子的创造成果。由此推断，孩子的权利能更有效地推动社会转型。我们应该用智慧精心地呵护孩子，并通过孩子获得神秘的能量和强大的人性价值。

但是事实刚好相反，孩子被成人忽略了，甚至会在无意间受到伤害。孩子的价值并没有被正视，孩子的能量和天性更没有得到正确的认知。我们必须意识到这一点，并且用最激烈的方法来叫醒人类的良知。

三、孩子的权利

直到20世纪初，孩子都没有受到社会的关注。他们出生以后只会被家庭关注，只有父亲的权威给予孩子保护和防卫，这或多或少与两千多年前罗马法律的残留影响有关。而在这长达两千多年的光阴里，文明不断进步，律法也不断完善，可是所有的进步和发展都只服务于成人。孩子并没有得到社会的重视，他们只拥有家庭供应的物质和道德传承，接受不均衡且贫乏的知识教育，社会却并不为此承担任何责任。到目前为止，社会也从未要求家庭以科学的方式迎接孩子的到来和照顾孩子。

所有官方文件都会再三斟酌社会道德和责任的条文，但是对于一个家庭是否拥有保护孩子的能力、提供环境的条件却毫不关心，更别提为父母提供学习的机会，让他们做好迎接新生命的准备。对任何一个国家而言，想要组建家庭，只需要举行婚礼就足够了。从这些事实我们可以推断，社会在最初就已经放弃了这些幼小的工作者，尽管这些孩子身上背负着塑造人性的伟大使命。在这个给予成人无数支持的社会中，孩子却在社会之外孤军奋战，甚至无法为自己发声，让自己被关注、被保护。他们成了社会进步的垫脚石，整个社会却浑然不知。

也可以说，孩子就是牺牲品。

时间倒流回半个世纪之前，医学家们开始了对孩子的研究。当时既没有儿童专家，也没有专业的儿童医院，当时的孩子比现在孩子的地位更低，更加无人问津。新生儿的死亡率居高不下，这在当时的社会上引起了轩然大波。从这一点来看，孩子的确是牺牲品。人们直到这个时候才意识到，很多孩子诞生了，但是存活率却非常低。人们将这种现象视为理所当然的事情，并且安慰自己：这些死去的孩子去天堂享福去了。他们这样说服自己，然后安心地将孩子托付给所谓的天堂，幻想自己的孩子成了天使。但是事实上，大部分孩子都是因为成人疏于照顾才失去了生命。我们也可以将这种现象称为一场持续地对孩童的屠杀。

当这个事实被公之于众之后，人们开始了拯救良知的新运动。对于这些父母而言，不仅应该给予孩子生命，更应该拯救孩子的生命。科学研究表明，父母应该学习专业的知识，并接受专业的照顾孩子的培训。

然而，孩子的痛苦并不局限于家庭，他们在学校里也饱受煎熬。在19世纪的最后十年，工人们的工业疾病被医学家们发现，并对此展开了积极的研究，随后人们发现，除了那些因为环境卫生引发的传染性疾病以外，孩子也会患上"工业疾病"——由孩子的活动引起的疾病。

孩子主要在学校里进行自己的活动。他们由于长时间的伏案工作，导致胸腔窄化，容易受到肺结核的侵袭；而且长期保持一个姿势，也使得颈椎变形；在光线不好的情况下过度用眼引发了近视；长期处于封闭不流通的空间里，整个身体都备受伤害。

孩子们受到的伤害不仅仅是身体上的，还包括心灵上的。压抑的被迫学习令他们精神紧张、内心疲惫，让他们变得怯弱、懒惰、自卑，失去了应有的快乐。

孩子们备受欺凌！

然而，家庭中的成员丝毫没有意识到这些。他们只关心孩子的成绩，希望孩子能学习好点儿，为家庭省事省钱。其实，他们并不在意孩子的学习本身，更不关心孩子是否吸收了知识，而只是呼应社会的号召借此履行义务而已。这个义务对他们而言是一个繁重的负担，还会消耗他们的财富，所以他们希望孩子尽快完成学业进入社会。

随后我们通过对孩子的走访调查，了解到更多动人心魄的事实。很多孩子在开始一天的学习之前早已经被折磨得心力交瘁了。有的孩子上学之前要走很远的路去送牛奶，还有的孩子需要沿街叫卖出售报纸，更有的孩子需要在家里做完活儿才能出门。

等这些孩子到学校的时候，早已筋疲力尽，只想休息一下。但是这些不幸的孩子们却经常因为不能集中注意力或者不能回答对问题而被老师处罚，因为老师只关心自己的职责，他们妄想用惩罚来唤醒孩子们的学习兴趣。老师甚至会在其他同学面前羞辱这些小可怜，认为他们能力不足、死性不改。而事实上，这些不幸的孩子早已因为家庭的压榨和学校的惩罚，将自己的精力消耗殆尽了。

这些调查结果揭示了一个残酷且血淋淋的事实，社会终于开始采取行动，责令学校做出整改，并调整了相关的法令。一个重要的医学分支建立起来了，学校也开设了生理健康课程。从现在开始，医生和老师开始联手维护孩子的利益。学校的生理健康课是社会认可的第一门课程，改正了成人曾经在无意识中犯下的错误，也标志着社会开始了对孩子们的补偿之旅。

当今社会，在教育学的范畴里，教育等同于惩罚。教育的终极目的是让孩子屈从于成人，并以成人的自我意愿来调换生命的规律。不同的国家有不同的惩罚孩子的方法。私立学校中会有单独的规章制度，列出惩罚方法，其中有的方法带有羞辱性质，比如在身后挂上写着侮辱话语的牌子，或者在头上戴上写有笨蛋的纸帽子，甚至是让孩子当众接受路人的嘲讽。身体上的惩罚给孩子带来更大的折磨，比如让孩子在墙角罚站，动不动就是几个小时，无聊又令人疲惫。

还有其他的惩罚方法，比如裸露双膝跪在石地板上，或者当众接受鞭笞。现代教育对这些蛮横的惩罚做了一些"伪装"，由家庭和学校联合"执法"，共同惩戒孩子。在学校受到惩罚的孩子回家以后必须向家长承认错误，然后在第二天把家长写的纸条交给老师，以证明他已经向另一个行刑者坦白了自己的罪行。如此一来，孩子受到了双重的伤害。

没有人会替孩子求情。成人被判有罪可以进行申诉，孩子却投告无门。这一点儿都不公平。孩子完全找不到庇护，更得不到安慰，学校和家庭立场一致地对孩子进行惩戒，似乎不这样做就达不到惩罚的效果，甚至会降低教育的地位。

家长不需要任何人来提醒他们对孩子的惩罚权。我们在国际联盟附属教育学校的倡导下，针对家庭惩罚进行了调查，结果显示，即使到了现在，无论国家大小，所有的孩子在家中都会受到惩戒，他们或被斥责、羞辱，或被鞭打、扇耳光，或被赶出校门或者关禁闭，成人会用黑暗中想象的危险来威胁孩子。成人还会剥夺孩子与小伙伴玩耍的权利，或者阻止他们吃糖果的活动，而这些几乎是孩子的悲惨生活中唯一能得到快乐的方式。成人还会对孩子实施一种饥饿惩罚，就是让孩子不吃晚饭就去睡觉，以确保孩子一整晚都受到饥饿感的煎熬。

尽管目前在受教育的家庭中，这样的惩罚已经很少见了，但是它是存在的。父母对待孩子的态度粗暴，并经常进行语言威胁，这已然是一种常态。成人打孩子，肆意伤害孩子，这些恶行显得如此理所当然。

当然，在公共场所禁止对成人进行体罚，因为这是对人格的侮辱。但是，对孩子的羞辱和残害难道不是更卑鄙吗？人性的良知可能早已泯灭。

现在的文明不再是由个人的贡献来推动，更不需要人类灵魂来刺激，而是在机器的作用下推进。这种来自外界的力量不可抵挡，会带领整个社会不断向前！

整个社会以一种令人头晕目眩的发展速度全速前行，而我们就如同车厢里昏睡的乘客。他们那叫不醒的良知就是生命求助过程中最大的阻碍。否则，社会的进步会比现在更炫目，那些日益加速的运输速度和逐渐麻木的灵魂之间更不会出现如此悬殊的差距。任何社会革新活动成功的第一步或者说最艰巨的一步，就是唤醒日益僵化的灵魂，强迫它们从沉睡之中苏醒。

现如今，全社会都必须认识到孩子的重要性，并迅速地对孩子造成的伤害进行弥补。社会应该倾尽全力为孩子提供合适的环境，并认可孩子的权利，这样才有可能弥补孩子。社会的最大错误就是没有为孩子提供足够的支持，甚至是花掉了原本应该给孩子的钱，这不仅是对孩子的伤害，更是对社会的毁灭。

社会加之于孩子身上的一切，就好像一个监护人私下浪费了被监护人的全部资产。在成人的世界里，我们自力更生，不断累积财富，但是很显然，社会财富里的绝大部分都应该属于孩子，这个观点存在于生命本身，所有生物都在向我们展示这一点。蚂蚁为了小蚂蚁搬运储存粮食，蜜蜂为了小蜜蜂辛勤酿蜜，鸟儿为了小鸟四处觅食，大自然中所有的生物都会为了幼崽的口粮而就兢业业地工作，从来不会只管填饱自己而让后代忍饥挨饿，但是成人为孩子做了什么呢？仅仅是保存了孩子的肉体而已。

一旦这个挥霍无度的社会需要财富，它就会到学校里压榨，甚至压榨那些婴幼儿学校，而学校不会做出任何反抗，甚至都不曾提出抗议。这简直是极端恶劣的错误。社会用这些从孩子身上压榨的钱，继续制造对孩子造成伤害的工具，这完全是一种恶性循环：先是压榨孩子生存的环境，接着又给孩子带来死亡的威胁。这都源于同一个错误，因为我们无法保障孩子生命的正常发展，于是人类的成长方式也并不正常。

成人必须团结在一起，为了孩子去战斗！我们必须为孩子的权利去呼吁，不管我们曾经如何无视这些，但是只要发现了它的存在就不能再心存怀疑。社会作为不靠谱的监护人，现在我们必须让它归还孩子应得的财物和公平的待遇。

所有父母都面临一个艰巨的任务，他们必须独立地解救自己的孩子。因为父母拥有组织社会的能力，所以他们可以从生活中去实践。他们的良知也受到了大自然的感召，使得他们可以凌驾于社会之上，对物质进行分配，因为他们手握着人类的未来——孩子。

现在的父母任由强大的社会习俗对自己的孩子为所欲为。孩子的悲剧就这么开始了。社会随意地将孩子扔给家庭，家庭再将孩子扔给学校。没有人为孩子发声，包括应该保护孩子的人——他们的血缘至亲——父母。